SPICKZETTEL FÜR LEHRER

CARL-AUER

Bedanken möchte ich mich besonders bei meinen Ausbildern Dr. Christa Hubrig und Dr. Peter Herrmann, die mir mit einem veränderten Blick auf Schule und mich selbst viele neue Möglichkeiten eröffnet haben. Weiterhin bedanke ich mich bei Steven Pennings, Systemischer Supervisor (DGSv), für seinen Beitrag zum Spaß am Unterricht und so manche gute Lösung.

Jürgen Pfannmöller

Der systemische Lehrer

Ressourcen nutzen,
Lösungen finden

Zweite Auflage, 2015

Reihe »Spickzettel für Lehrer«, hrsg. von
Christa Hubrig und Peter Herrmann
Reihengestaltung: Uwe Göbel und Jan Riemer
Illustrationen: © Wes Molebash
Satz: Heinrich Eiermann
Printed in Germany
Druck und Bindung: Kösel, Krugzell

Zweite Auflage, 2015
ISBN 978-3-8497-0012-6

Bibliografische Information Der Deutschen Nationalbibliothek:
Die Deutsche Nationalbibliothek verzeichnet diese Publikation
in der Deutschen Nationalbibliografie; detaillierte bibliografische
Daten sind im Internet über http://dnb.d-nb.de abrufbar.

Carl-Auer Verlag GmbH
Vangerowstraße 14
69115 Heidelberg
Tel. +49 62 21 64 38 -0
Fax +49 62 21 64 38 -22
info@carl-auer.de

CARL-AUER

Spickzettel für Lehrer – systemisch Schule machen

»Hast du einen Spickzettel?« Diese Frage kennen wir noch aus der Schulzeit, aus der Schülerperspektive, wenn es darum ging, sich auf Prüfungen und Klassenarbeiten vorzubereiten. Wechseln wir die Rolle und Perspektive und stellen uns auf die andere Seite des Klassenzimmers, auf der die »Wissenden«, d. h. die Lehrer, stehen. Schnell wird deutlich: Bei aller Erfahrung gibt es doch erhebliche »Wissenslücken« im Umgang mit schwierigen Situationen, ob sie nun das Lernen selbst, die Schule als Organisation oder die Beziehungen und das Verhalten der Beteiligten betreffen.

Systemisch orientierte Pädagogen können sich hier ruhig und entspannt zurücklehnen, wohl wissend, dass sie selbst »Fragende« sind – Fragende bezüglich passender

Antworten auf die sich stets wandelnden und neu entstehenden Konfliktfelder in der Organisation Schule, zwischen Schülern und Lehrern, zwischen Schule und Eltern und auch mit dem politischen Umfeld von Schule.

Aus systemischer Sicht sind Schwierigkeiten immer mit Lernchancen verbunden. Wo der Blick vom Problem auf die Lösung wechselt, wo man statt hinderlichen Defiziten hilfreiche Ressourcen ins Auge fasst, kommt auch die Haltung in Bewegung. Ein gut platzierter Unterschied zieht dann oft viele positive Änderungen nach sich.

Die Bücher dieser Reihe wollen Einladungen sein, sich auf diese andere Sichtweise einzulassen. Sie sollen Lehrern, Erziehern und Schulleitern Methoden und Strategien zum täglichen Handeln anbieten, die Ihnen die Arbeit – und im besten Fall: das Leben – leichter machen. Sie sind auch Rezepte, die man ausprobieren und mit eigenen Zutaten verfeinern kann.

Wir wünschen Ihnen viel Spaß beim Lesen, Erfahren und Ausprobieren!

Christa Hubrig & Peter Herrmann
Institut für systemische Lösungen in der Schule (ISIS)
www.isis-institut-koeln.de

Inhalt

1 Einleitung und Überblick

Dieses kleine Handbuch ist eine Einleitung für systemisch interessierte Lehrer. Der systemische Ansatz blickt darauf, in welchem Zusammenhang (System) ein Problem entsteht und wie es aufrechterhalten wird. Am Beispiel typischer Schulsituationen möchte ich Ihnen Anregungen geben, welche Haltungen und Methoden neue Handlungsmöglichkeiten im System Schule eröffnen. Üblicherweise werden die systemischen Formate in der Beratung von Schülern eingesetzt. Darüber hinaus bieten sich durchaus charmante Ansätze, dieses Wissen im Schulalltag einzusetzen. Mit kleinen Geschichten aus dem Blickwinkel des Ich-Erzählers wird systemisches Denken und Handeln praxisnah vorgestellt und gezeigt, wie sich einzelne Methoden im Unterricht, vor dem Klassenraum, zwischen Tür und Angel oder in einem Beratungszimmer nutzen lassen. Die Dialoge beschränken sich auf das Wesentliche, damit die grundsätzliche Gesprächsstruktur nachempfunden werden kann. Das systemisch-lösungsorientierte Handeln lebt sehr stark vom eigenen Erleben. Deshalb würde es mich freuen, wenn ich Sie zum eigenen Ausprobieren anregen könnte. Ich wünsche Ihnen viel Vergnügen und spannende Erfahrungen!

Abb. 1: Einstieg in die systemische Beratung

1.1 Systemisches Denken im Lehreralltag – »Haben Sie Lust auf ein Experiment?«

Der Einstiegscartoon deutet bereits die systemische Haltung und den typischen Beratungseinstieg an. Als systemischer Berater versuche ich herauszufinden, welche

Umstände (Kontext) ein Schüler benötigt, um ein Problem zu konstruieren. Also: Was tut er, damit er das Problem bekommt? Oder was müsste er tun, um das Problem noch zu verschlimmern? »Aber wieso sollte jemand daran interessiert sein, das Problem auch noch zu verschlimmern?«, werden Sie vielleicht fragen. Nun, wer sein Problem verändern kann, hat auch die Fähigkeit, es aus eigener Kraft wieder loszuwerden. Sobald sich der Schüler bewusst wird, dass er selbst der »Täter« seines Problems ist, beginnt er sich von der Hilflosigkeit zu trennen. In diesem Zusammenhang sagt Peter Herrmann: »Wir müssen uns von der Idee des schwachen Menschen verabschieden.« Als systemischer Berater vertraue ich darauf, dass *nur* der Schüler weiß, wie sein Problem gelöst werden kann, und dass er die Lösung bereits in sich trägt.

Eventuell hat Ihnen schon einmal ein Schüler von seinen Schwierigkeiten mit dem Fach Mathematik erzählt. Wahrscheinlich konnten Sie beobachten, an wie viele Misserfolge der Schüler sich erinnerte und wie er immer tiefer in ein negatives Gefühl eingestiegen ist. Deshalb richtet sich die systemische Aufmerksamkeit in allen Gesprächen auf die Fähigkeiten und Ressourcen des Schülers, ohne einen langwierigen Umweg über die Ursachen des Problems einzuschlagen.

1.2 Überblick über die Kapitel

Im zweiten Kapitel wird dargestellt, wie man mit der neugierigen *Fragehaltung* das eigentliche Problem aufspürt, um dann eine *Zukunftsvision* zu entwickeln, die den Klienten magisch anzieht. Unterschiedliche Situationen eignen sich für Verstärken, Konditionieren durch Lob. Wobei auch deutlich wird, dass ein Problem oft auch einen positiven „Sekundärnutzen" hat. Schließlich wird verdeutlicht, dass Musterveränderungen immer eine *Perturbation*, also eine gründliche Verwirrung, benötigen.

Im dritten Kapitel wird die Arbeit mit dem *inneren Team* am Beispiel von Entscheidungssituationen und inneren Konflikten geschildert.

Das vierte Kapitel geht auf die Arbeit mit limitierenden *Glaubenssätzen* ein. Überdies wird gezeigt, wie sich der Erfolg der Beratung durch den »*Ökocheck*«, der innere Widersprüche zu der Lösung abfragt, testen lässt. Schließlich geht es darum herauszufinden, was der Klient macht, um sein Problem zu bekommen, um ihn dann zu einer alternativen, Ressourcen aktivierenden Strategie anzuregen.

Im fünften Kapitel veranschaulichen zwei Übungen zum »*Dramadreieck*«, wie Konflikte ablaufen. Weiterhin wird enthüllt, wie ich es als Lehrer »hinbekomme«, meine Lösungskompetenz über Bord zu werfen und mich in das Problem des Anderen zu verstricken. Schließlich wird mithilfe der *Transaktionsanalyse* illustriert, wie eine Kommunikation auf der Erwachsenenebene »*Rapport*«, also eine andere Beziehung, zum Schüler ermöglicht.

Im sechsten Kapitel wird dargestellt, wie man mithilfe von *paradoxen Interventionen* störendes Schülerverhalten zur Musterunterbrechung nutzen kann.

Das siebte Kapitel demonstriert den Ablauf von systemischen *Rollenspielen*, wobei auch illustriert wird, wie Rollentausch, »Doppeln« und das Hinzufügen weiterer Rollen geschieht. Auch mithilfe des *Psychodramas* kann der Protagonist zu einer nachhaltigen Veränderung angeregt werden. Abschließend wird das Format des *Modelllernens*, bei dem der Klient in die Haut eines Vorbildes schlüpft und intuitiv von ihm dazulernt, vorgestellt. Alle Fallbeispiele wurden verändert und anonymisiert.

2 Grundlagen systemischer Beratung

Jede systemische Beratung umfasst die Punkte Auftrag, Problem, Ziel, Transparenz und Verstrickung. Konkret heißt das:

- »Handle nie ohne Auftrag!«
- »Steig bei der Problemschilderung nicht zu tief in das Gefühl ein!«
- »Lass den Klienten ein positives Ziel formulieren, das er aus eigener Kraft erreichen kann!«
- »Bleib als Berater transparent bei dem, was du tust!«, und
- »Übernimm nicht die Erklärungen des Klienten!«

Die folgenden Fälle behandeln thematische Schwerpunkte, wobei die Lehrer-Schüler-Kommunikation in unterschiedlichen Systemen wortwörtlich zur Sprache kommt: in Schulklassen sowie mit einzelnen Schülern, Lehrern und Eltern. Das Vorgehen wird jeweils auch theoretisch erläutert.

2.1 Wie löse ich Probleme in der kleinen Pause?

Nach der Stunde spricht mich Jenni an: »Ich muss mal mit Ihnen reden. Ich bin total demotiviert. Von meiner alten Schule habe ich ein ganz gutes Zeugnis. Dann hat mir Herr Grass empfohlen, ich solle hier noch das eine Jahr machen, um meinen qualifizierten Realschulabschluss zu bekommen. Jetzt habe ich schlechte Deutsch- und Englischnoten wiederbekommen, weil ich nicht gelernt habe. Nun stehe ich schlechter da als vorher und verschwende hier meine Zeit. Deswegen bin ich total sauer auf Herrn Grass. Und dann drückt der mir auch noch in Mathe im Mündlichen eine Fünf rein. Anscheinend war das Niveau auf meiner alten Schule doch nicht so hoch, wie ich dachte. Ich hab echt keine Lust mehr ...«

Methodische Überlegungen: Im ersten Moment identifiziert man sich wahrscheinlich reflexartig mit dem Problem und überlegt angestrengt, was man selbst tun oder sagen könnte, um Jenni wieder zu motivieren. Im Systemischen gehe ich gänzlich anders vor: Zuerst versuche ich eine möglichst genaue Vorstellung von dem Problem zu bekommen und gehe dafür in eine »neugierige Fragehaltung«. Dafür brauche ich keine eigene Vorstellung von der Lösung zu haben, sondern ich vertraue darauf, dass Jenni die Lösung kennt. Ich spreche die Fragen aus, die ich mit ihren Erzählungen assoziiere, lasse Humor einfließen, indem ich auch »blöde Fragen« stelle, und versuche herauszufinden, was sie tut, um das Problem zu bekommen.

Ich: »Und was wollen Sie jetzt machen?«
Jenni: »Was ich machen will? Mmh ... Nichts mehr. Ich sitze jetzt hier noch das Schuljahr ab, und dann bewerbe ich mich wieder mit dem alten Zeugnis.«
Ich: »Und wie machen Sie das: nichts?« (Blöde Frage)
Jenni: »Ich sitze einfach hier rum und mach nix.«
Sie schaut mich griesgrämig an.
Ich: »Gucken Sie dann auch so wie jetzt?«, lächle ich sie freundlich an. Gequält lächelt sie zurück.
Jenni: »Ach wissen Sie, hier ist alles Mist ... Im nächsten Schuljahr bin ich auf einer anderen Schule und fange ganz von vorne an.«
Ich: »Ach so, und kurz vor Weihnachten sitzen Sie dann vor Ihrem neuen Klassenlehrer und erzählen ihm, dass Sie vor zwei Jahren ein besseres Zeugnis hatten und dass Sie im letzten Jahr ein schlechtes Zeugnis hatten und jetzt schon wieder und dass Sie demotiviert sind?«

Methodisch gesehen ist es wichtig, bis in den hintersten Winkel meines Bewusstseins frei davon zu sein, sie auf eine Lösung lenken zu wollen. Die Frage ist bewusst etwas verwirrend gestellt, um die Gedanken der Schülerin in Unordnung zu bringen.

Jenni: »Sie wollen nur, dass ich was mache.«
Ich: »Nö. Wissen Sie, wenn Sie keinen Bock mehr haben, dann sehe ich Sie ja eh' bald nicht mehr. Und ich habe ja auch keinen Einfluss darauf, was Sie tun.«

Jenni: »Eigentlich wollte ich immer Polizistin werden. Aber meine Mutter hat gesagt, dass man da zu wenig verdient. Und ich soll zur Schule gehen und lernen, um später unabhängig von meinem Mann zu sein ...«

Systemische Überlegungen: Häufig bildet sich durch neugieriges Nachfragen ein ganz anderes Thema heraus, als anfänglich erzählt wird. An dieser Stelle endete das Gespräch, weil ich in den Unterricht musste und weil ich von ihr keinen Auftrag bekommen hatte. Und ohne Auftrag werde ich nicht tätig.

2.2 Übung: Unglaublich, was ich alles schaffen kann!

In den ersten Stunden des neuen Schuljahres bin ich als Klassenlehrer stundenlang mit Listen, Regeln, Pflichten und Geldeinsammeln beschäftigt. Anstatt die Schüler kennenzulernen, muss ich sie ständig ermahnen, bei der Sache zu bleiben, und sie kontrollieren. Dabei verlange ich mir selbst eine sehr hohe Konzentration ab, um nichts zu übersehen, und bin meistens sehr angespannt.

Methodische Überlegungen: Mit dem Format der positiven Zukunftsvision lässt sich die Klassenatmosphäre auflockern und das eigene Empfinden im System Klasse positiv verändern.

Abb. 2: Sinneskanäle ansprechen mit VAKOG (visuell, auditiv, kinästhetisch, olfaktorisch, gustatorisch)

In Zweiergruppen interviewen sich die Schüler gegenseitig, wobei einer den Berater spielt, der die Gedanken des Klienten notiert. Die Schüler sollen sich möglichst genau ausmalen, was sie in einem Jahr Positives erreicht haben werden. Der Berater spricht die Sinneskanäle an, also: »Was siehst du? Was hörst du? Was spürst du?« Dabei darf der Schüler, der sich seine Zukunft ausmalt, ruhig etwas »verrückt« denken. Verrücktes Denken oder Fragen ist ein systemisches Stilmittel, das die Gedankenmuster des Schülers für neue Ideen öffnet.

Berater: »Reisen wir ein Jahr in die Zukunft. Es ist jetzt der 28. August 2014. Und du blickst zurück, was du im letzten Jahr alles erreicht hast. Vielleicht hast du Lust, mir davon zu erzählen ...«
Schüler: »Ich habe den Führerschein gemacht!«
Berater: »Und, wie fühlt sich das an?«
Schüler: »Es fühlt sich toll an! Ich bin richtig stolz.«
Berater: »Und wie sieht das Führerscheinfoto aus?«
Schüler: »Ich trage eine Lederjacke und habe ziemlich viel Haarspray im Haar. Mittlerweile habe ich eine ganz andere Frisur.«
Berater: »Hast du vielleicht etwas Bestimmtes gehört, als du die Prüfung bestanden hast?«
Schüler: »Ja, der Fahrlehrer hatte so eine tiefe Stimme. Er hat mir gratuliert. Meine Freundin hat gekreischt vor Freude ...« usw.

Systemische Überlegungen: Dieses Format ist eine gute Möglichkeit sich untereinander ein wenig kennenzulernen, es verbindet und stimmt auf eine positive Vision ein. Durch die Übung gelangen die Schüler in einen positiven Zustand und empfinden Wertschätzung. Die Methode ist für die meisten Schüler etwas anderes, als Sie vom ersten Tag erwarten. Dadurch wird das Was-ich-von-der-Schule-erwarte-Muster verstört und die Chancen für ein ressourcenreiches, positives Lernklima wachsen. Dieses positive Gefühl bildet sich gleichzeitig in mir als Lehrer ab, und ich erledige die Bürokratie deutlich schneller und zufriedener. Die Zukunftsvisionen sammle ich anschließend ein und verschließe sie für ein Jahr in einer »Schatzkiste«.

Ähnlich wirkt das Wunderformat, das ich häufig in Notengesprächen einsetze, um »stille« Schüler zu motivieren. Schüler, die ihre gute Leistung zurückhalten, erzählen oft, dass sie sich nie melden und dafür gute Arbeiten schreiben. Manchmal lässt sich mit der Wundergeschichte eine Veränderung anregen:

»Stellen Sie sich mal vor, wir stehen in drei Jahren wieder hier vor der Klasse und führen das Notengespräch. Und dann blicken wir zurück auf unsere gute Zusammenarbeit. Können Sie sich noch erinnern? Am Anfang hatten Sie zuerst gar nichts gesagt und sich erst einmal umgeschaut. Und plötzlich haben Sie den Schalter umgelegt und sich beteiligt. Ich kann mich noch ganz genau daran erinnern, wie sehr ich mich darüber gefreut habe. Da haben wir doch wirklich Einiges erreicht in den letzten Jahren ...«

2.3 »Ich habe Prüfungsangst und kann nicht weiterlernen«

Christian: »Ich stelle mir die ganze Zeit vor, wie ich zur Arbeit komme und die Praktikanten und Geschäftsführer Spalier stehen und mich begrüßen, als den Ersten, der jemals die Abschlussprüfung nicht bestanden hat. Ständig habe ich dieses Bild im Kopf: Ich sitze in der Prüfung auf diesem harten Holzstuhl vor den Prüfern, und die fragen mich genau das, was ich nicht weiß. Wahrscheinlich kriegen die auch noch raus, dass ich viel weniger Kundengespräche geführt habe, als von der Prüfungsordnung verlangt werden. Schon wenn ich den Prüfungsraum betrete, spüre ich, dass die mich nicht leiden können. Es ist wie damals beim Einstellungstest der Bundeswehr, als mich der Oberst angebrüllt hat, als ich etwas falsch beantwortet habe.«

Methodisches Vorgehen: Im Prüfungsangsterleben steckt die »positive Absicht«, seine Leistungsfähigkeit vor der Prüfung zu erhöhen. Allerdings konstruiert Christian ein »Schreckensbild«, das den Zugriff auf seine positiven

Ressourcen blockiert. Mit einer Art Wundergeschichte spreche ich die einzelnen Sinneskanäle erneut an und füge eine positive Suggestion ein, indem ich den Tag positiv konstruiere. Dieses Format kann enorme Ressourcen freisetzen, weil der Klient spürt, dass er wieder Einfluss auf die Situation hat. Dadurch bekommt die Prüfungssituation eine völlig neue Bedeutung, und er ist wieder dazu in der Lage, das attraktive Ziel einer guten Prüfung ins Auge zu fassen.

Wenn ich mit einer Beratung beginne, definiere ich als Erstes immer Auftrag, Problem und Ziel. Meistens leite ich das Gespräch mit einem *Yes-Set* ein, das ich im Verlaufe der Beratung auch immer wieder aufgreife. Das bedeutet, dass ich bewusst einige Fragen stelle, die der Schüler mit »Ja« beantworten kann. Wenn der Schüler sich auf eine »Ja-Haltung« einlässt, ist es wahrscheinlich, dass er »mitgeht«, sodass ich im weiteren Gespräch die Führung übernehmen kann.

Ich: »Hättest du Lust auf ein kleines Experiment?« (Ja.) »Ich weiß nicht, ob das was für dich ist … Aber es gibt die Möglichkeit, dass wir deine Wahrnehmung von der Situation verändern, indem wir den Tag im Voraus positiv konstruieren. Hättest du Lust dazu?«

(Ja.) »Von mir aus könnten wir jetzt anfangen.«
Christian: »Und wie machen wir das?«
Ich: »Vielleicht hast du schon einmal gehört, dass dein Gehirn mehr mit sich selbst beschäftigt ist, als dass es Informationen aus der Umwelt aufnimmt. Wenn man sich im Vorfeld eine Situation genau vorstellt, werden später in der tatsächlichen Situation die gespeicherten Informationen abgerufen und von deinem Gehirn freundlich begrüßt. Das klingt zwar komisch, aber manchmal kann man mit den komischen Dingen am meisten anfangen ...« (Stimmt zu.) »Wir stellen uns gleich die Situation vor, und ich spreche deine verschiedenen Sinneskanäle an, also was du siehst, hörst und fühlst. Sollen wir beginnen?« (Ja.) »Stell dir vor, es ist der Tag der Prüfung. Sobald du in den Raum kommst, setzt du dich auf den Stuhl. Und während du zu deiner Überraschung fühlst, wie bequem der Stuhl ist, bist du gleichzeitig sogar in der Lage, ruhig durchzuatmen, und du fühlst dich in einer guten Energie.« (Nickt.) »Irgendwie nimmst du eine angenehme Atmosphäre wahr, obwohl es ja eigentlich eine Prüfung ist. Ist doch eigentlich verrückt, was?« (Lachen.) »Also, du sitzt da und du fühlst, dass es dein Tag ist, während du einen guten Zugriff auf dein Wissen spürst.« (Zustimmung.) »Und du schaust dir die drei Prüfer an, und obwohl sie dir Fragen stellen, ist dir jeder Einzelne von ihnen sonderbar sympathisch. Gleichzeitig fühlst du diese bestimmte innere Sicherheit und dass es läuft ...«

Methodisches Vorgehen: Mit Hilfe von Bindewörtern wie »während, bevor, sobald, nachdem« oder »gleichzeitig«

werden die einzelnen Aspekte der Geschichte miteinander verbunden. Das gleiche Sprachmuster wird beispielsweise auch in Traumreisen angewandt und ist der Hypnotherapie entlehnt.

Am Tag der Prüfung bekam ich von Christian eine SMS: »Ich habe total bequem gesessen. Einer von den Prüfern war ein riesen Arschloch, aber der konnte mir gar nichts, weil die Drei mir die ganze Zeit so unheimlich sympathisch gewesen sind.«

Die positiven Suggestionen nutze ich selbst, wenn ich Klausuren stelle. Anstelle von »Viel Erfolg!« schreibe ich ein mehrzeiliges Lob auf das Aufgabenblatt, wobei ich bemüht bin, dass sich jeder darin wiederfinden kann. Häufig lächeln die Schüler, wenn sie es sehen, und ich bilde mir ein, dass sie ihre Leistungen ein wenig besser abrufen können.

2.4 »Ich kämpfe dafür, mein Problem behalten zu dürfen«

Leonie hat das erste Mal seit Jahren eine gute Note in Mathematik geschrieben: »Ich habe so eine Angst, dass ich beim nächsten Mal wieder eine Fünf schreibe!«, gesteht sie mir. Als verständnisvoller Lehrer höre ich sofort ein Problem und gebe mir den Auftrag, es zu lösen. Mein Ziel ist es, Sie von ihrer Angst zu befreien. Nach ein paar vergeblichen Minuten sagt sie zu mir: »Ich möchte meine Angst gern behalten. Denn wenn ich dann eine schlechte Note schreibe, bin ich weniger enttäuscht. Außerdem hilft mir die Angst, wachsam zu bleiben und mich anzustrengen.«

Erst in diesem Augenblick erkannte ich den »positiven Sekundärnutzen« des Problems. Denn jedes Problem hat einen positiven Sekundärnutzen für den Klienten, und deshalb kämpft er mit allen Mitteln dafür, es behalten zu dürfen. Das mag im ersten Moment widersprüchlich klingen, unterstreicht aber die Bedeutung des Auftrages. Denn nur am Auftrag kann ich erkennen, ob ich einen Klienten vor mir habe oder jemanden, der vielleicht nur reden möchte. In der Situation selbst war ich blind dafür, keinen Auftrag zu haben, denn ich hatte mich »verstrickt«. Verstrickung ist ein typisches Beratungsphänomen, es bedeutet, dass ich in das Problem zu meinem eigenen gemacht habe. Der besondere Ehrgeiz, den ich für die Lösung aufgebracht habe, ist ein weiteres untrügliches Warnsignal gewesen.

2.5 Der Zeitdieb stiehlt das Lob der Mehrheit

In manchen Klassen sind drei bis vier Schüler selten bis gar nicht da. Für mich als Klassenlehrer verursachen diese wenigen Schüler einen enormen Verwaltungsaufwand: Ich muss besonders viele Fehlzeiten und Entschuldigungen nachhalten, Gespräche führen, Nachschreibtermine ansetzen, schriftliche Missbilligungen schreiben, überarbeiten und absegnen lassen, usw. Speziell Schüler, die nur mit einem Minimalaufwand kooperieren, sind Zeitdiebe, da sie als Gesprächsthema im Lehrerzimmer oder auf Konferenzen sprichwörtlich die Zeit stehlen. Das eigentliche Problem haben alle betroffenen Kollegen und zwanzig unauffällige Schüler.

Methodische Überlegungen: In Analogie zu einem misserfolgsorientierten Schüler, der in einem negativen Gefühlszustand keinen vollen Zugriff auf seine positiven Ressourcen hat, befinden sich alle Beteiligten im System des Zeitdiebes in einem negativen Suchfokus. Einen Ausweg bietet die Ressourcenorientierung, also darauf zu schauen, was funktioniert. Deshalb habe ich mein Verhaltensmuster geändert und bewusst Zeit auf die zwanzig kooperierenden und pünktlichen Schüler verlagert. Angefangen habe ich damit, während der Arbeitsphasen kurz die Eltern anzurufen und ausschließlich lobenswerte Dinge über ihre Kinder zu erzählen.

Eine Mutter ist besonders skeptisch, als ich anrufe. Sie hat ihre Tochter von einem Kletterwaldausflug abgemeldet und mir schriftlich mitgeteilt, dass sie darin keinen »pädagogischen Sinn« erkennen könne.
Ich: »Aber nein! Es gibt kein Problem. Ich rufe an, weil ich die Pünktlichkeit Ihrer Tochter loben möchte ...«
Mutter: »Das hat man ja auch selten, dass die Schule anruft, um einen zu loben. Das finde ich ja gut.«
Anschließend fragt mich Kevin, ob ich ihn auch loben werde. Offen gestanden, gehörte er zu den Vieren, die besonders viel Aufwand verursachten. Als er argumentiert, dass er schon viel ruhiger geworden sei, fällt mir auf, dass ich auch in seinem Falle in einem Negativfokus hängengeblieben bin. Folglich habe ich seine Veränderung gar nicht richtig wahrgenommen und wertgeschätzt.

2.6 Wie durchbreche ich das »Wir machen keine Hausaufgaben«-Muster?

»Wer keine Hausaufgaben gemacht hat, bekommt einen Strich. Drei Striche sind eine Sechs.« Während ich die Verfehlungen im roten Lehrerkalender notiere, verhärten sich meine Gesichtszüge und ich bin wütend. Das schlechte Gefühl ärgert mich eigentlich noch mehr, als die nicht gemachten Hausaufgaben. Nachdem ich die Klasse ermahnt und die Striche verteilt habe, scheitere ich als Nächstes an dem Versuch, eine positive Lernatmosphäre zu schaffen. Aber das ist mir dann auch schon egal – es tut ja eh keiner was ... »Wie soll ich bloß mein *eigenes* Muster, Striche verteilen zu müssen, unterbrechen?«

Methodische Überlegungen: Im Systemischen geht man davon aus, dass sich ein Muster durch Druck nur zurückdrängen lässt. Allerdings klappt das auch nur, solange der Druck ständig erhöht wird. Folglich bleibe ich in meinem Muster gefangen, selbst dann, wenn immer mehr Schüler keine Hausaufgaben machen. Üblicherweise mache ich dann mehr desselben, verteile also mehr Striche und überlege mir strengere Sanktionen. Eine »Perturbation« könnte mich zu einer Musterunterbrechung anregen.

Nach der Stunde kommt Sabrina zu mir ans Pult.
Sabrina: »Ich möchte meinem Ärger Luft machen.«
Ich: »Verstehe ich nicht. Sie hatten die Hausaufgaben doch gemacht.«
Sabrina: »Richtig. Aber ich mache mir bestimmt kein zweites Mal so viel Mühe mit Ihren Aufgaben. Sie haben sich gar nicht richtig mit meiner Lösung beschäftigt.«
Ich: »Ja, aber warum haben Sie denn nichts gesagt?«
Sabrina: »Ich wollte ja nicht als Streber dastehen. Wie sieht das denn aus, wenn ich mich melde und eine dreiseitige Lösung präsentiere, während die anderen nichts gemacht haben?«
Ich: »Das tut mir leid. Es ist aber auch ein bisschen Ihre eigene Schuld. Sie müssen wirklich lernen, sich mehr zu behaupten.«

Methodische Überlegungen: Durch den Negativfokus werde ich blind dafür, die Wenigen oder Einzelnen zu würdigen, die die Aufgaben gemacht haben. Stattdessen fühle ich mich eingeladen, strenger zu sein. Irgendwann ist mir bewusst geworden, dass ich mich selbst unsympathisch finde, wenn ich fehlende Aufgaben auf diese Weise sanktioniere. Einen Ausweg bietet das *operante Konditionieren*, indem ich das lobe, was ich verstärken möchte. Die folgende Szene spielt in einer Klasse, in der ich schon vor der Begrüßung merkte, dass keiner die Hausaufgaben gemacht hatte.

Ich: »Ich möchte mir gern Ihre Hausaufgaben anschauen. Mir geht es einzig und allein darum, Ihre positiven Leistungen zu loben, damit die guten Leistungen angemessen gewürdigt werden.«
Von Tisch zu Tisch gehend, sammle ich die fünf spärlichen Lösungen ein. Alle anderen haben nichts gemacht. Deshalb erteile ich den Auftrag, dass die Aufgaben nun gemeinsam im Plenum gelöst werden sollen. Daraufhin beschwert sich Monika: »Aber wie sollen wir das denn machen? Sie haben doch schließlich unsere Aufgaben eingesammelt?« Jetzt bin ich genervt: »Das werden Sie schon hinkriegen.« Das klappt selbst dann, wenn Sie Ihre Arbeitsunterlagen nicht vorliegen haben, denke ich. Aber ich habe mich geirrt. Und das führt mir ein weiteres Mal vor Augen, dass

enttäuschte oder wütende Aussagen von Schülern mich häufig auf eine positive Lösung hinweisen, die ich übersehe. Monika hat die Aufgaben über mehrere Seiten ausführlich und sorgfältig gelöst. Während der Arbeitsphase schreibe ich Monika eine ausführliche Würdigung von knapp einer Seite in ihr Heft.
In der Folgestunde haben neun Schüler die Aufgaben gemacht. Interessanterweise sind es ganz andere als in der vorhergehenden Stunde. Während ich erneut die Schüler ohne Hausaufgaben die Aufgaben nachträglich lösen lasse, verlasse ich mit den übrigen Schülern die Klasse. Spannenderweise ist die Stimmung auf dem Schulflur viel gelöster als im Klassenraum, und ich habe viel mehr Spaß mit den Schülern, als wir die Hausaufgaben besprechen.

2.7 Diagnose Schulschwänzer

Eine Kollegin spricht mich an: »Du, in meiner Klasse habe ich zwei Schulschwänzer. Ich bin total bedient! Ich habe mit der vorherigen Schule telefoniert. Der eine hat über 200 Fehlstunden angesammelt, vermutlich kriminelle Kontakte und lässt sich von Frauen nichts sagen. Das kann ja heiter werden ...« Das Problem hatte ich zum Glück nicht – bis zu meinem ersten Elterngespräch mit der Mutter von Luisa.
Ich: »Natürlich kann ich Ihnen nach drei Wochen noch nicht sonderlich viel über Ihre Tochter berichten. Soweit ich weiß, macht sie einen freundlichen Eindruck und beteiligt sich wohl auch am Unterricht. Sie war immer pünktlich und nur einen Tag krank ...«
Mutter: »Aber sie war nicht krank! Ich kann es nicht fassen, dass

meine Tochter schon wieder die Schule geschwänzt hat!«
»Wieso?«, frage ich perplex. Offen gestanden hätte ich diese Diagnose für Luisa nie erwartet.
Mutter: »Sie fängt schon wieder an, wie auf der vorherigen Schule. Da ist sie auch ständig an der Schule vorbeispaziert. Dann habe ich mich mit den Lehrern gestritten, dass sie mich bitte anrufen sollen, wenn sie schwänzt. Aber die waren einfach nicht dazu bereit. Zuhause kriegt die gleich richtig was von mir zu hören!«
Ich: »Also ich bin ja nicht in der Position, mich dazu zu äußern, geschweige denn, dass ich von Ihnen einen Auftrag hätte. Vielleicht haben Sie aber trotzdem Lust auf ein kleines Experiment?«
Sie stutzt, willigt aber erst einmal ein. Wir sitzen nebeneinander, und ich blättere mit ihr im Klassenbuch. Mit dem Finger über die Seiten streichend, zähle ich die Anwesenheitstage von Luisa.
Mutter: »Da hat sie gefehlt!«
Ich: »Okay. (Ich zähle laut mit.) Fünfzehn, sechzehn, siebzehn Tage war sie ununterbrochen anwesend, dann hat sie einmal gefehlt. Plus sechs weitere Tage ... das macht insgesamt dreiundzwanzig Tage Anwesenheit. Nicht schlecht!« Sie blickt mich verblüfft an. »Was Sie jetzt bitte zu Hause machen, ist, dass Sie Ihre Tochter dafür loben, dass sie es geschafft hat, solange zur Schule zu kommen.«
Sie ist sichtlich bewegt: »Also, im Moment kann ich das noch nicht. Aber bis zu Hause kriege ich das hin.« Wir vereinbaren, in Verbindung zu bleiben. Es ist auch für mich sehr emotional – ein Zeichen für mich, dass ich mit dem Klienten in Kontakt stehe. Luisa erscheint das ganze restliche Schuljahr zum Unterricht, bis

auf wenige Ausnahmen, an denen ich dann von der Mutter erfahre, dass sie krank sei. Irgendwann mitten im Schuljahr schickt mir Luisa eine Frage per Mail. In die Antwort schreibe ich, dass ich mich noch die Tage bei ihrer Mutter melden müsse, um sie zu loben. Danach kommt sie stets im Voraus zu mir, um mich über Bewerbungsgespräche und Fehlzeiten zu informieren.

Systemischer Blickwinkel: Als systemischer Lehrer habe ich die Einstellung, dass ich keine Erklärungen oder Diagnosen von Eltern, Schülern oder Kollegen übernehme, um eine Verstrickung in das Problem zu verhindern. Wenn ich hier die Erklärung übernommen hätte, dass Luisa eine Schulschwänzerin ist, hätte ich mich in das Problem hineinziehen lassen. Dadurch hätte ich meine *neutrale Beraterhaltung* aufgegeben und dabei geholfen, das »alte« Problemmuster erneut zu konstruieren. Wünschenswert ist stattdessen, eine Musterunterbrechung durch das Mittel der *Perturbation* anzuregen. Dabei geht es darum, die festgefahrenen Verhaltensweisen der Beteiligten gründlich zu verwirren, damit ein neues Muster ausprobiert werden kann. Vermutlich hatte Luisa nach dem Schultermin ihrer Mutter alles andere als ein Lob für ihre Anwesenheitstage erwartet. Auf das Lob kann sie dann vollkommen anders reagieren, als sie es bisher getan hat, sodass die Beteiligten ein neues Muster ausprobieren konnten. Das Lob bewirkt zudem, dass Luisa, ihre Mutter und ich in einen positiven Gefühlszustand gehen, der uns den Zugriff auf unsere positiven Ressourcen erleichtert. Eventuell wäre Luisa aber auch ohne Intervention weiter zur Schule gekommen. Wer weiß …

3 Teilearbeit: Entscheidungen erleichtern und schlechte Gefühle loswerden

Zu den häufigsten Beratungsanlässen zählen sicherlich Entscheidungssituationen. Ein typisches Beispiel ist der Fall von Tim, der hin- und hergerissen ist, ob er seine Ausbildung verkürzen soll oder nicht. Für diese »Einerseits-andererseits«-Struktur eignet sich besonders die Methode des *Inneren Teams*, weil es den Pro- und Contra-Argumenten eine Stimme verleiht. Grundlage ist die Annahme, dass an einem inneren Konflikt mehrere Stimmen oder »Teile« der eigenen Persönlichkeit beteiligt sind, die zusammen ein inneres Team bilden. In einem weiteren Fall geht es darum, was man tun kann, wenn das innere System von einem negativen Gefühl übermannt wird.

3.1 »Ich weiß nicht, was ich machen soll«

Methodisches Vorgehen: Zuerst erfrage ich alle entscheidungsrelevanten Teile und deren positive Absicht. Als Analogie für das Team wähle ich meistens eine favorisierte Sportart des Schülers. Anschließend notiere ich jede Teile-Stimme auf einem Blatt und gebe ihr mit einem

Pfeil eine Blickrichtung. Danach legt der Klient seine Teile auf den Boden – wie die Figuren auf einem Spielbrett – und nimmt die einzelnen Blickwinkel ein. Durch eine »Urabstimmung« entdeckt er schließlich seine eigene Lösung. Lösen wir nun Tims Fall – beziehungsweise befähigen wir ihn dazu, es selbst zu tun.

Während ich die Klasse begrüße, fällt mir Tim auf, der nachdenklich und mit sich selbst beschäftigt wirkt.
Ich: »Na, Tim, ist bei Ihnen alles okay?«
Tim: »Ja, schon. Ich überlege nur, ob ich verkürzen soll oder nicht. Und ich muss da dringend eine Entscheidung treffen.«
Ich: »Kennen Sie das ›Innere Team‹?«
Tim: »Nee …«
Ich: »Machen Sie eine Sportart?«
Tim: »Ja, ich spiele Fußball.«
Ich: »Wer hat in Ihrer Mannschaft das Sagen?«
Tim: »Der Kapitän.«
Ich: »Darf ich auf Ihr Blatt malen?« In die Mitte seines Blattes schreibe ich »Kapitän« und darunter »Ich«. »Es geht darum, dass man sich fragt, wer in Ihrer Entscheidung alles eine Rolle spielt.«
Tim: »Ja. Das bin nur ich.«
Ich: »Genau. Und dann gibt es in Ihnen doch sicherlich noch Teile, die vielleicht sagen: ›Klar, das mache ich!‹ – so etwas wie ein Optimist, und vielleicht noch Teile, die dagegen reden …«
Tim: »Ja, der Negative.«
Ich: »Wen gibt es noch?«

Tim: »Den Zweifler.«
Ich: »Genau so funktioniert das. Und jeder Teil hat eine bestimmte positive Absicht.« In einer Ecke des Blattes notiere ich untereinander Zweifler, Optimist, Pessimist usw., wie in der Legende einer Landkarte. »Und was ist die positive Absicht der einzelnen Teile?«
Tim: »Der Zweifler achtet darauf, dass ich nichts übersehe. Dass ich alles im Blick behalte. Der Optimist sagt: ›Du schaffst das!‹ Der Pessimist sagt: ›Du kannst das nicht ...‹«
Ich: »Okay. Wichtig ist immer die positive Absicht der Teile, denn die tun ja etwas für Sie. Welche positive Absicht hat der Pessimist?«
Tim: »Der passt auf, dass ich vorsichtig bleibe und mich nicht überschätze.«
Ich: »Schon ein kluger Begleiter, Ihr Pessimist! Gut, wenn Sie mögen, können Sie alle Beteiligten aufschreiben, die Ihnen noch einfallen. Wenn Sie das haben, sage ich Ihnen gern, wie es weitergeht.«
Dann begrüße ich die Klasse und unterrichte. Tim schreibt zuerst konzentriert und beteiligt sich dann am Unterricht. Am Ende der Stunde frage ich ihn, ob ihn interessiere, wie man es auflöst, und gehe mit ihm in einen ruhigen Gebäudeteil. »Das funktioniert so ... Darf ich von Ihrem Blatt Papier eine Ecke abreißen? (Ja.) Das ist das ›Ich‹, der Kapitän. Das sind Sie.« Den Zettel lege ich auf den Boden und zeichne einen Pfeil für die Blickrichtung darauf. »Wen haben wir noch? Den Optimisten ... Wo schaut der hin? Legen Sie ihn einfach zu dem ›Ich‹ auf den Boden. Genau. Wichtig sind die Blickrichtungen und die Entfernungen zueinander, wie in der

Viererkette. Okay, und der Zweifler? Ah, der schaut in eine ganz andere Richtung ... Das können Sie einmal in einem ruhigen Moment zu Hause ausprobieren, wenn Sie wollen.«
Tim: »Von mir aus können wir das noch machen. Ich glaube schon, dass mir das mit den Teilen was bringen würde.«
Ich: »Okay. Wir machen das einfach ganz oberflächlich, einfach so zum Gucken.« Wir wechseln in einen leeren Klassenraum, und Tim notiert alle Teammitglieder und gruppiert sie um das Ich.

Methodische Überlegungen: Der Schüler gibt jedem Teil eine Position und stellt sich auf die einzelnen Bodenanker, wobei er gleiche Blickrichtung einnimmt. Sobald er sich mit dem jeweiligen Teil identifiziert hat, spreche ich ihn in seiner Rolle an und frage ihn, wie es ihm geht, welche Beziehung er zu den anderen Teilen und zum Ich hat. Nachdem der Schüler sich in beliebiger Reihenfolge in alle Teile »hineingestellt« hat, wechselt er zuletzt auf das Ich. Im Anschluss schauen wir von außen aus der Metaposition auf sein Innenleben, und ich höre ihm zu, was er vielleicht mehr weiß. Dann bitte ich ihn, seine Teile neu anzuordnen und sich wieder auf das Ich zu stellen, um nachzuspüren, was sich verändert hat.

Ich: »Mit welchem Spieler wollen Sie zuerst in Kontakt treten?«
Tim: »Mit dem Pessimisten ...«

Ich: »Können Sie sagen: ›Ich bin der Pessimist. Ich achte darauf, dass Tim sich nicht überschätzt‹?«
Tim: »Ich bin der Pessimist. Ich achte darauf, dass Tim sich nicht überschätzt.« Dabei ballt er die rechte Faust und macht eine hämmernde Geste im Takt des Gesagten.
Ich: »Was machen Sie denn da für eine hämmernde Geste? Das sieht ja aus, als würden Sie Rinderhälften weich klopfen.«
Tim (lacht nachdenklich): »Nein, ich haue auf den Tisch.«
Ich: »Ach was!? Machen Sie das öfter?«
Tim: »Nein, eigentlich nicht. Eher mein Vater. Der ist meistens sehr pessimistisch, wenn es um meine Pläne geht.«
Ich: »Und Ihr Pessimist hat das von ihm übernommen ...«
Tim: »Könnte schon sein.«
Ich: »Gibt es einen anderen Teil, zu dem Sie eine Beziehung haben? Oder einen Konflikt?«
Tim: »Ja, zum Optimisten. Der geht mir irgendwie auf die Nerven.«
Ich: »Und wie machen Sie das, dass der Ihnen auf die Nerven geht?«
Tim: »Der sieht immer alles rosarot. Da kann nicht viel Gutes bei rauskommen ...« usw.

Methodische Überlegungen: In der Teilearbeit geht es darum, Klarheit zu schaffen und die einzelnen Teile wertzuschätzen, damit sich keiner mehr in den Vordergrund drängen muss. Für die Ansprache der einzelnen Teile nutze ich das folgende Kommunikationsmuster:

- »Du bist jetzt der Pessimist …« (Ja.)
- »Wie geht es dir als Pessimist?« (…)
- »Wie ist deine Beziehung zum Ich?« (…)
- »Gibt es andere Teile, zu denen du eine bestimmte Beziehung hast?« (…)

Oft passt der Klient beim Betreten der Bodenanker die Körperhaltung den einzelnen Rollen an und er wird zum Abbild eines Pessimisten, Zweiflers oder Optimisten. Dabei lohnt es sich, die »verräterischen« Körpersignale – ruhig mit einer Prise Humor – anzusprechen. Dadurch vertieft der Klient die Wahrnehmung und den Kontakt zum Berater. Am Ende frage ich etwas wie: »Was ist jetzt?«, »Was weißt du jetzt mehr?«, und höre ihm zu. Meistens ist sein bisheriges Denkmuster verstört, und er hat so etwas wie eine Idee oder Lösung. Zum Abschluss mache ich den *Ökocheck:* »Darf das so sein? Gibt es Einwände in Ihnen?«

3.2 Der Haushaltsstreit mit dem Minister für Spaß und Vergnügen

Katrin weiß nicht, was sie beruflich machen soll. Ihr Ziel heißt »Klarheit«. Bisher hätten ihr mehrere Berufsberater nach dem Mund geredet: »Dann machen Sie das doch ...«. In einem Notengespräch erkläre ich ihr die Funktionsweise des Inneren Teams: »Sie legen für sich einen Platzhalter in die Mitte und bauen dann um sich herum Ihr inneres Parlament auf. Dabei ernennen Sie die Minister und achten auf Blickrichtung und Distanz Ihrer Parlamentarier.«
Katrin: »Die Idee finde ich ganz spannend! Auch mich auf die einzelnen Stimmen zu stellen und in mich hineinzuhören. Auch die Idee mit der Bewegung finde ich gut. Das habe ich so noch nicht ausprobiert.«
Ich: »Sie müssen schauen, welche Minister noch mit der Klarheit zu tun haben.«
Katrin: »Ganz wichtig ist auf jeden Fall der Minister mit dem Ressort ›Lebensunterhalt‹. Dann spielt noch ein Minister für den Ort eine Rolle und zwei weitere für die Sprache und den Spaß.«
Ich: »Ja, schauen Sie einfach, wer sich noch bei Ihnen meldet.«
Ich habe den Eindruck, dass noch ein trauriger Minister eine Rolle spielt. Und ich spüre die unausgesprochene Abmachung, dass sie eine Sitzung unter Ausschluss der Öffentlichkeit alleine abhalten will. In der Folgestunde erzählt sie mir mit leuchtenden Augen, dass sie es ausprobiert und sich sogar Zeit dafür genommen habe. Sie behält Inhaltliches für sich, doch es habe sich für sie gelohnt.

Diese kurzen Anregungen sind ein Angebot für Schüler, die sich nicht mit einem Termin an einen Beratungslehrer wenden wollen.

3.3 Steffen legt eine wilde Verfolgungsjagd mit der Polizei hin und wird zu seinem schärfsten Richter

Steffen hat illegal Videos aus dem Internet heruntergeladen. Als die Polizei vor seiner Tür steht, flieht er durch die Hintertür aus der Wohnung und legt eine wilde Verfolgungsjagd mit seinem Motorrad hin – über mehrere rote Ampeln, gegen Einbahnstraßen und über die Autobahn, bis er schließlich gestoppt werden kann. Nun hat er mehrere Verfahren und jede Menge Ärger am Hals. Sich permanent selbst verurteilend, sitzt er gereizt in meinem Unterricht ...

Ich habe Steffen als sehr besonnenen, fleißigen Schüler erlebt und kann die plötzliche Verhaltensänderung überhaupt nicht einordnen. In den Notengesprächen vor der Tür spreche ich ihn darauf an, und er erzählt mir von der »Aktion« ...

Ich: »Ach, jetzt verstehe ich auch, wieso Sie sich plötzlich so anders verhalten! Ich konnte mir Ihre Veränderung gar nicht erklären ...« Ich fühle mich erleichtert und in Kontakt zu ihm.

Steffen: »Ja. Ich muss mich jetzt zusammenreißen, damit ich so etwas Schlimmes nie wieder mache«, sagt er bitter.

Ich stelle eine Hypothese auf: »Mmh ... Es wirkt auf mich so, als wenn es da quasi einen Teil in Ihnen gäbe, der Sie permanent ermahnt, dass Ihnen so etwas Schlimmes nicht wieder passiert.«

Steffen (überlegt): »So kann man es vielleicht sehen ...«
Ich: »Es ist, als würden Sie sich die ganze Zeit selbst bestrafen. Und dieser strafende Teil hat die Macht übernommen, um Sie zu beschützen. Eigentlich eine pfiffige Strategie von Ihnen ...«, meine ich mit einem Augenzwinkern. »Ist doch toll, wie Sie für sich sorgen!« (Lob). Steffen gibt einen Laut der Zustimmung von sich, dennoch scheint er wenig begeistert von sich zu sein.
Ich: »Auf mich wirkt es so, als wenn der strafende Teil in Ihnen die Kontrolle übernommen hätte. Und dass der Teil von Ihnen, der sich Spaß und Freude erlauben darf, völlig ausgeschaltet ist ...«
Steffen: »Es ist mir aber im Moment auch alles zu viel. Wissen Sie, in ein paar Tagen werde ich heiraten. Und der Vater meiner Frau ist auch nicht gerade davon begeistert, und wir erwarten über dreihundert Gäste ...«
Ich: »Was sagt denn Ihre Freundin zu der ganzen Angelegenheit?«
Steffen: »Wir haben viel Stress ...«, sagt er traurig, »... und ich will ihr doch auch ein guter Ehemann sein und eine Familie gründen und dann mache ich so eine Riesendummheit ...«
Ich: »Also ich weiß ja nicht, ob das was für Sie ist ... Aber manchmal ist es so, als ob man mehrere Stimmen oder Teile in sich hätte, die einem reinreden. Können Sie damit etwas anfangen?« (Er bejaht.) »Es gibt vielleicht den Teil, der aufpasst, dass man auf der richtigen Spur bleibt. Einen Teil, der Spaß haben will, und vielleicht sogar einen Teil, der in der Schule etwas lernen will. Könnte ja sein ... Und angenommen, es gibt da noch den liebenden Ehemann. Und plötzlich passiert einem etwas Dummes, und ein Teil

übernimmt die Kontrolle und passt streng auf alle anderen Teile auf ...« (Er hört zu und überlegt.) »Es ist natürlich die Frage, wie Sie das sehen, aber in der Rolle des liebenden Ehemanns wollen Sie doch bestimmt in eine positive Zukunft mit Ihrer Frau starten. Sie wollen sich doch sicherlich freuen dürfen und für Ihre Frau da sein.« (Er stimmt zu.) In diesem Augenblick fühle ich mich emotional sehr bewegt.

Ich gebe eine neue Information rein: »Angenommen, Sie könnten sich darauf verlassen, dass der Teil, der Sie gerade permanent bestraft, gut auf Sie achtet. Und dass er sich immer sofort zu Wort meldet, wenn die geringste Gefahr besteht, dass Sie einen Fehler machen. Der Teil sichert Sie quasi ab. Können Sie damit etwas anfangen?« (Er bejaht.) »Was würde Ihnen das ermöglichen?«

Steffen: »Naja, das ist im Moment absolut das Allerwichtigste. Aber wenn ich mir da sicher sein könnte, dann dürfte ich mich zwar noch nicht freuen, aber ich könnte mich etwas mehr um meine Frau kümmern.«

Ich: »Die ist bestimmt erleichtert«, meine ich mit einem offenen Lächeln, »die verliebt sich in den ganzen Steffen und hat plötzlich nur noch mit einem strengen Teil von ihm zu tun. Können Sie sich eigentlich auf die Hochzeit freuen?«

Steffen: »Naja, der ganze Ärger hat das meiste bei mir überdeckt. Aber wenn ich so drüber nachdenke, wäre es schon schön, mich freuen zu können.«

Ich: »Können Sie sich die Erlaubnis dafür geben?«

Steffen: »Wofür?«

Ich: »Ja, Spaß zu haben. Meine Güte – an den Hochzeitstag werden Sie Ihr ganzes Leben zurückdenken! Und Sie möchten den

Tag doch sicher genießen können, vielleicht einfach der liebende Ehemann sein.« (Er wirkt nachdenklich und traurig.) »Vielleicht können Sie ja die Hochzeit genießen, vielleicht auch hier in der Schule wieder etwas mehr Freude haben, und trotzdem gibt es da den Teil in Ihnen, der Sie beschützt ...«

Steffen wirkt anschließend auf mich ein wenig erleichtert, entkrampfter, und ich fühle mich mit ihm stillschweigend ein bisschen verbunden. Wir haben danach nie wieder darüber gesprochen, aber in den Schulfluren begegnet er mir sehr positiv.

Abb. 3: Einige Persönlichkeitsteile befinden sich in einem Konflikt, in welchem vermittelt werden muss

Systemische Überlegungen: Ich habe bei ihm die Verhandlung der Teile etwas indirekter angewandt. Dabei geht es im Kern darum, die an einem inneren Konflikt beteiligten Stimmen zu Wort kommen zu lassen und die Teile miteinander in eine Verhandlung zu bringen. Wenn durch ein Ereignis ein bestimmter Teil die Macht im inneren Team aller Teile übernimmt, ist es wichtig zu überlegen, was dieser Teil gebrauchen könnte, um auch die anderen Teile sich entfalten zu lassen. Häufig hilft es, wenn der überlaute Teil zur Sprache kommen darf und seine Funktion wertgeschätzt wird. Dadurch erweitert sich der Handlungsspielraum der übrigen Teile. Alternativ hätte ich auch mit Bodenankern und Positionswechseln arbeiten können.

Hypothesen stellen eine gute Möglichkeit dar, verändernde Informationen einzubringen: »Angenommen, Sie dürften sich von Herzen auf Ihre Hochzeit freuen, was würde Ihnen das ermöglichen?«

4 Glaubenssätze: Erweiterung der Möglichkeiten und lieb gewonnene Limitationen

In der Regel wird das Verhalten durch sogenannte *Glaubenssätze* gesteuert. Irgendwann habe ich den Satz eingelagert, und ich bin mir gar nicht unbedingt darüber im Klaren, dass mein Verhalten aus dem Hintergrund angeleitet wird. Glaubenssätze können meine Fähigkeiten erweitern oder limitieren. Überraschenderweise erfüllt der limitierende Satz jedoch gleichzeitig eine wichtige Funktion, sodass ich nicht dazu bereit bin, mich ersatzlos davon zu trennen.

4.1 Chris trägt ein vernichtendes Urteil mit sich herum

Die Noten bespreche ich meistens in Einzelgesprächen vor dem Klassenraum. Chris tritt heraus mit den Worten: »Ich weiß, die Qualität meiner Aussagen ist nicht sehr hoch ...« – er ist in meinem Unterricht einer der Leistungsträger und sehr engagiert. »Und wie kommen Sie darauf?«, frage ich verwundert. Chris: »Das hat mir Herr Schneider gesagt. Ich melde mich eigentlich häufig und sage dann etwas. Meistens ist es dann richtig. Aber alle anderen wollen genau das Gleiche sagen ...«

Methodische Überlegungen: Mit dem folgenden Format versuche ich den abwertenden Satz aus seiner Verbindung mit der positiven Funktion herauszulösen und durch einen bestärkenden Satz zu ersetzen. Manchmal gibt es innere Widersprüche, die den Klienten davon abhalten, die neue Verhaltensoption anzunehmen, was sich durch die Stimmigkeitsprüfung, den sogenannten *Ökocheck*, aufdecken lässt. Hierzu stelle ich die Frage, ob diese Veränderung, dieses neue Verhalten denn so sein dürfe. Beginnen werde ich mit der Auftragsklärung.

Ich: »Aha. Und was hat das mit meinem Fach zu tun?«
Chris: »Ja, ich denke, dass ich das bei Ihnen genauso gemacht habe, dass meine Aussagen wenig Qualität haben ...«
Ich: »Ach so. Nee. Ist mir nicht aufgefallen ... (Ich überlege kurz.) Ich stelle mir das aber unangenehm vor, wenn man das zu hören bekommt.«
Chris: »Ja, ich kann Ihnen sagen: Schön war das nicht!«
Ich: »Haben Sie Lust auf ein Experiment?« (Ja.) »Kommen Sie, wir versuchen etwas.« Dann schreibe ich den abwertenden Satz *»Die Qualität meiner Aussagen ist nicht sehr hoch«* in seinem Wortlaut auf ein Blatt Papier. Ich versichere ihm, dass niemand nachvollziehen könne, was wir hier vor der Klasse machen. »So, stellen Sie sich bitte auf das Blatt.« Ich stelle mich selbst auch auf eines, das aber ansonsten belanglos ist. Außer, dass wir nun beide auf einem Blatt Papier stehen. »Wofür ist dieser Satz denn gut?«

Chris: »Damit ich mich mehr anstrenge und mehr mitmache.« (Sekundärnutzen)
Ich: »Ach so.« Ich kniee mich zu seinen Füßen und schreibe diesen zielgerichteten Satz unter den ersten Satz. »Mmh, Sie werden es mir nicht glauben. Aber als Sie den Satz zu mir gesagt haben, fühlte ich mich eingeladen, Ihre Leistung schlechter zu beurteilen, als ich es eigentlich vorhatte. Wahrscheinlich werde ich ab jetzt jedes Mal, wenn Sie etwas sagen, diesen Satz im Hinterkopf hören und mich fragen, ob das jetzt auch wieder eine Aussage von schlechter Qualität ist. Irgendwie manipulieren Sie mich ...«
Chris: »Nee, das will ich aber so nicht!«
Ich: »Mmmh, dann müssen wir den Satz irgendwie aus *meinem* Kopf kriegen ... Ich habe eine Idee. Der Satz hat ja eine wichtige Funktion für Sie. Vermutlich treibt er Sie an, mehr Leistung zu bringen und sich anzustrengen. Haben Sie Lust zu schauen, ob Sie das auch anders hinkriegen könnten?« (Ja.) »Als Erstes trennen Sie bitte den abwertenden Satz von der positiven Funktion ab.« Blitzschnell geht dieser Riesenkerl in die Knie und reißt den limitierenden Satz ab. »Sie können übrigens ganz beruhigt sein. Falls ich jetzt mit Ihnen keine bessere Lösung finde, bleibt Ihnen dieser Satz auf jeden Fall erhalten. Sodass Sie Ihre Leistung in jedem Fall abrufen werden können.« Und ehe ich mich versehe, hat er den Zettel schon zerknüllt. »Mal sehen ... Jetzt suchen Sie doch bitte einen Ort, an dem Sie diesen Satz ablegen wollen.« Am Ende des Flurs hat er hinter einer Glastür, für mich kaum sichtbar, einen Mülleimer gesehen, den er jetzt zielsicher ansteuert. Als er zurückkommt, frage ich ihn, welchen Satz er an dessen Stelle setzen wolle.

Chris: »Ich muss mich anstrengen, um meine Ziele zu erreichen und gute Noten zu schreiben«. Der Satz kommt mir offen gestanden etwas lang vor. Er schreibt ihn sehr gewissenhaft auf und legt den Zettel zu der Funktion *»damit ich mich mehr anstrenge und mitmache«* auf den Boden. Ich sage: »Nun brauchen wir noch ein Ritual, um die beiden Sätze miteinander zu verbinden. Vielleicht falten Sie die beiden Sätze irgendwie zusammen.« Als er fertig ist, bitte ich ihn darum, sich erneut auf die zusammengefalteten Zettel zu stellen und seinen neuen Satz zu wiederholen. Zu meiner absoluten Verwunderung wiederholt er den neuen Satz in voller Länge. Irgendwie bewegt schauen wir uns an und ich mache den Ökocheck: »Darf das denn so sein?« Als er bejaht, fasse ich ihn an beiden Schultern und bemühe mich, ihn durchzuschütteln, was mir aufgrund seiner Größe nur mit mäßigem Erfolg gelingt. Dabei sage ich zu ihm: »Und diesen neuen Satz nehmen Sie jetzt mit. Wissen Sie, manchmal sagen Leute Sätze, die man dann vierzig Jahre im Kopf hat. Und damit macht man sich dann das Leben schwer. Aber Sie haben die Kontrolle. Und Sie machen es anders!« Als ich ihn loslasse, ist er wie ausgewechselt. Klar und bestimmt will er seine Note wissen, und mir bleibt einen Augenblick die Luft weg. »Wow, Chris! Sie hauen mich ja fast aus den Socken!«

Systemische Überlegungen: »Was ist mein Auftrag?« Als Berater handle ich nur, wenn ich vom Schüler einen Auftrag bekomme. Das erkenne ich häufig daran, dass er bereit ist, etwas zu *tun.* Da das Problem für ihn einen wichtigen Sekundärnutzen erfüllt, ist es wichtig, auch die zweifelnde Instanz zu würdigen, die das Problem behalten möchte. »Also, wenn ich am Ende noch entscheiden kann, ob ich den abwertenden Satz behalten darf, dann bin ich bereit mitzuspielen.« Mit dem Ökocheck kriege ich die Rückversicherung, dass der zweifelnde Teil mitgegangen ist. Andernfalls gäbe es innere Loyalitätskonflikte und ich müsste noch etwas anderes ausprobieren.

Ein Bodenanker ist ein Blatt Papier mit einer Aufschrift, das eine bestimmte Stelle im Raum markiert. Ich verwende es häufig, um das Innenleben des Schülers nachzustellen oder um eine wichtige Instanz zum Leben zu erwecken. Es fällt den meisten Schülern leichter, sich in die Rolle des Zweiflers zu versetzen oder sich mit dem Antreiber zu beschäftigen, wenn sie darauf stehen.

4.2 »Wie soll ich das denn alles lernen?«

Mitten im Thema beschwert sich Leon: wie er das alles lernen solle? Er werde das nie schaffen, sich das alles für die Klausur zu merken. Als ich ihn frage, wie er das mache, dass er sich nichts merken könne, lacht er kurz auf und sagt: »Na, ich muss doch an die Klausur denken. Da muss ich das alles können, und jetzt kommt schon wieder etwas dazu. Das ist mir zu viel.«

Ich: »Und? Ist das eine gute Strategie für die Klausur?«
Er stutzt: »Wie meinen Sie das denn jetzt?«
Ich: »Naja, ist das eine gute Strategie, dass Sie denken, Sie müssen das alles für die Klausur können und dass es zu viel ist?«
Leon: »Nein.«
Ich: »Und wieso machen Sie etwas, dass nichts bringt? Das verstehe ich nicht ...«
Er überlegt kurz, lächelt dann: »Aber was soll ich denn sonst machen? Ich muss es ja lernen. Oder haben Sie einen besseren Vorschlag für mich?«

Methodische Überlegungen: Mit der neugierigen *Fragehaltung* versuche ich die problematische Strategie zu ergründen, indem ich innerlich der Leitfrage folge: »Was genau machst du, um das Problem zu bekommen?« Diese Fragestellung wirkt gewöhnlich perturbierend, und die Frage »Wieso machst du etwas, das nicht funktioniert?« eröffnet meistens die Bereitschaft, an dem Problem zu arbeiten. Aufgrund des *Sekundärnutzens* wird es in ihm Teile geben, die lieber an der alten Strategie festhalten wollen, die in einem bestimmten Kontext eine gute Lösung für ihn ist. Im Systemischen werden deswegen häufig Angebote gemacht: »Sie können ja mal schauen, ob das was für Sie ist ...«

Deshalb biete ich Leon an, mit einer neuen Strategie in meinem Unterricht zu experimentieren, sodass er eine eigene Lösung generieren kann. Zuerst teste ich mit der Experimentfrage den Auftrag und mit dem Yes-Set sein Mitgehen. Dann bitte ich ihn, sich einen Satz zu überlegen, der für ihn eine gute Strategie sein könnte. Den Satz solle er auf einem Blatt notieren und dann schauen, was passiert. Am Ende der Stunde überprüft er die Wirkung seines Satzes und notiert alles, was er behalten hat. Gewissenhaft vertieft er sich in seine Überlegungen, bis er verkrampft und flüstert: »Denk nach! Denk nach!« Deshalb frage ich ihn, ob er Sport mache. Ich kann es einfach nicht lassen ...

Methodische Überlegung: Wenn Leon sich unter Druck setzt, verliert er den Zugang zu seinen positiven Ressourcen und Fähigkeiten. Den ressourcenreichen Zustand kann ich anregen, indem ich ihm Fragen zu einer positiven Erfahrung stelle und dabei verschiedene Sinneskanäle anspreche.

Ich: »Hatten Sie im Fußball schon einmal einen besonderen Erfolg? Schießen Sie Tore?«
Leon: »Ja, manchmal.«
Ich: »Und was ist das für ein Gefühl?«
Leon: »Super!« Während er erzählt und die positive Emotion durchlebt, scheint er immer mehr im Hier und Jetzt anzukommen, bis er sogar lacht und sich wieder seinen Überlegungen zuwendet.

Er hat sich den Satz notiert: »›Die Genossenschaft‹ ist gut zu lernen, weil es mir Spaß macht.« In der Stunde hat er sich sogar einige Male gemeldet und mitgedacht. Insbesondere an Aspekte, zu denen er etwas gesagt hat, erinnert er sich. Als er später von seinen Erfahrungen erzählt, ist er spürbar offener mir gegenüber und wirkt deutlich gelöster: »Sie hatten recht. Es hat besser funktioniert. Man kann so leichter lernen. Aber es ist halt nur im Kurzzeitgedächtnis.«

Ich: »Ah ... Jetzt machen Sie sich selbst wieder zur Sau.«

Leon: »Wieso?«

Ich: »Na, Sie haben es doch gut gemacht und jetzt ...« Er unterbricht mich: »... mache ich mich wieder selbst klein.«

Ich: »Genau. Sie können sich doch freuen, dass Sie so viel geschafft haben, wenn Sie mal an den Anfang der Stunde zurückdenken ...«

Leon: »Ja. Das ist schon besser, wenn man das so macht.«

5 Konflikte lösen: Dramadreieck und Verstrickung

Grundlage des sogenannten *Dramadreiecks* ist die Annahme, dass es in Konflikten häufig drei Positionen gibt: Opfer, Täter und Dritte, die sich als Retter bzw. Mittäter einmischen. Interessanterweise sind die Beteiligten nicht auf eine Rolle festgelegt, wie man vielleicht erwarten würde. Tatsächlich wechseln die Mitspieler binnen Sekundenbruchteilen die Rollen, Opfer werden zu Tätern und Retter zu Opfern. Dieses Modell lässt sich auf viele Verhaltensabläufe übertragen, die einem in der Schule oder im Privatleben begegnen. Unten finden Sie zwei Rollenspiele sowie zwei Praxisfälle, die Sie mit Ihren Schülern im Klassenraum durchspielen können. Alles was Sie benötigen, sind vier Freiwillige und eine »Bühne«.

5.1 Übung: Wie wir Konflikte lösen

Anleitung: Bitten Sie die vier Personen, den Raum zu verlassen, und verheimlichen Sie, worum es im Detail geht. Dann stellen Sie im Plenum eine der Geschichten vor. Es ist vorteilhaft, wenn Sie gemeinsam entscheiden, wer welche Rolle spielen soll. Anschließend erklären Sie, wie das Dramadreieck theoretisch funktioniert. Bitten Sie das Plenum herauszufinden, wer Opfer, Täter, Retter bzw. Mittäter ist und in welchen Augenblicken die Rollen wechseln.

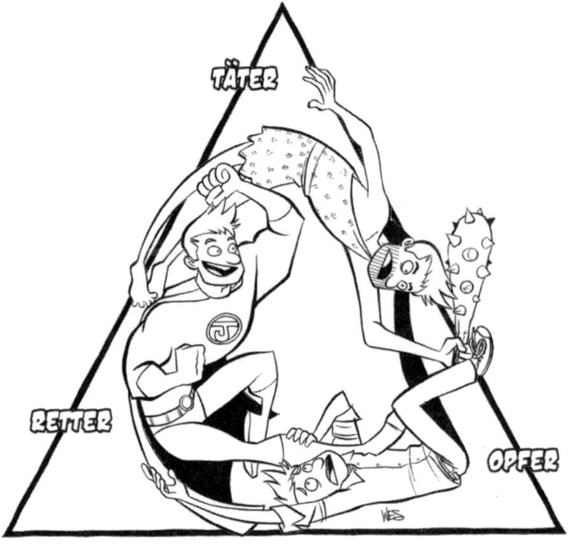

Abb. 4: Im Dramadreieck wechseln die Positionen binnen Sekundenbruchteilen

Bitten Sie die Beobachter, markante Aussagen oder auffallendes Verhalten zu notieren. Die Mitspieler werden wieder hereingebeten und jeder erfährt die Bezeichnung seiner Rolle. Dann wird die Geschichte vorgelesen, und die Charaktere sollen die Geschichte auf einer improvisierten Bühne vorspielen und die Situation »lösen«. Viel Vergnügen! Eine Videoaufzeichnung lohnt sich …

Erstes Rollenspiel: »Der Partyflirt« (Dramadreieck)

Bitte einigen Sie sich im Plenum auf die Rollen der Mitspieler und tragen Sie anschließend deren Namen in die Geschichte ein.
Die Rollen:
(A) .... (Freund)
(B) .... (Freundin)
(C) .... (Partyflirt);
(D) .... (Zeuge/Petze);
Die Geschichte:

(A) .... und (B) .... sind ein Liebespaar. Auf einer Party verschwinden plötzlich (B) .... und (C) .... von der Tanzfläche sonst wohin. Nach geraumer Zeit betreten beide wieder das Geschehen und treffen auf (A) .... Beide sehen ziemlich strubbelig und zerzaust aus. Der ansonsten immer akkurat aufgetragene Lippenstift ist verschmiert. (A) .... äußert den begründeten Verdacht, dass (B) .... ein »falsches Spiel« spielt. Es mischt sich (D) .... ein, der sagt, alles gesehen zu haben ...

Zweites Rollenspiel: »Der Verkehrsunfall« (Dramadreieck)
Bitte einigen Sie sich im Plenum auf die Rollen der Mitspieler und tragen Sie anschließend deren Namen in die Geschichte ein.
Die Rollen:
(A) .... (Eigentümer eines schlecht geparkten Autos)
(B) .... (Autofahrer, der das parkende Auto beschädigt)
(C) .... (Zeuge der Tat)
(D) .... (zur Hilfe gerufener Polizist)
Die Geschichte:
Die Szene spielt bei Nacht in einer unbeleuchteten Seitenstraße irgendwo in der Innenstadt. Es regnet. (A) .... parkt sein Auto direkt hinter einer schlecht einsehbaren Kurve, ohne Beleuchtung und viel zu weit in der Fahrbahnmitte. (B) .... biegt in die Straße ein und fährt den Seitenspiegel ab, da das Auto schlecht zu sehen ist. Beide unterhalten sich auf dem Bürgersteig, als (C) .... sich als Zeuge meldet. Nun ist alles ganz klar! Etwas später tritt Polizist (D) .... hinzu und hilft, die Situation aufzulösen ...

5.2 »Herr Sauer hat uns das gar nicht richtig beigebracht!«

Erster Akt: Vielleicht wenden sich Schüler manchmal an Sie, wenn sie Probleme mit anderen Lehrern haben.
Monika: »Sie glauben es nicht! Der Herr Sauer will heute eine Arbeit bei uns schreiben, und dabei hat der uns das gar nicht richtig beigebracht ...!«

Petra: »Und dann schreibt mindestens die Hälfte der Klasse eine Fünf oder Sechs!«
Gabriel: »Das ist auch immer so langweilig bei dem ...«
Monika: »Und dann ist der auch noch total unfreundlich geworden! Wir können überhaupt nicht mit dem reden.«
Petra: »Selbst ich schreibe dann heute eine Fünf. Der ist aber auch so unfair!«
Monika: »Können Sie nicht mal mit dem reden? Wir wissen gar nicht, was wir machen sollen ...«
Ich: »Und dann soll ich als der Papa kommen und das für Sie regeln?« Die Schüler schauen mich verwundert an und haben plötzlich eine viel erwachsenere Ausstrahlung. »Das müssen Sie schon selbst mit ihm klären. So etwas wird Ihnen auch später im Betrieb passieren. Wo auch immer. Das müssen Sie selbst lösen. Im Übrigen bin ich da verstrickt, weil ich sowohl für Sie als auch für Herrn Sauer Sympathien habe. Aber Sie könnten einen Beratungslehrer fragen. Der ist neutral.«
Petra: »Gut, dann fragen wir unsere Klassenlehrerin.«
Ich: »Natürlich können Sie auch die Mama bitten, für sie aktiv zu werden.« (Gelächter. Die Schüler entfernen sich.)

Methodisches Vorgehen: In Gesprächen versuche ich häufig das Spiel zu benennen, das sich in mir abbildet. Dadurch bleibe ich in Kontakt und gehe einen weiteren Schritt auf die Lösung zu. In diesem Falle hatte ich das Gefühl, die Schüler wollen mit mir das Spiel spielen: »Wir lassen das den Papa für uns machen.« Durch Humor lockere ich die Problemsituation auf und erleichtere den Zugriff auf positive Ressourcen. Außerdem halte ich mich so aus der Verstrickung raus. Auch hier lassen sich Hypothesen anbringen, um neue Informationen in das System zu geben und neue Möglichkeiten anzuregen: »Angenommen, wir könnten die ganze Situation mit einem verschmitzten Lächeln betrachten … Was würde uns das ermöglichen?«

Zweiter Akt: Wie es der Teufel so will, spricht mich in der Pause die Klassenlehrerin (»Mama«) an: »Stell dir mal vor: Der Sauer lässt nach drei Doppelstunden eine Arbeit schreiben, und keiner weiß, worum es geht. Aber irgendwie haben die Schüler ihn doch noch überreden können, die Arbeit später zu schreiben.«
Dritter Akt: Ich kann es kaum glauben, dass mich später auch noch Herr Sauer anspricht: »Du, ich war heute in der ›Bankenklasse‹. Ich habe mich unwahrscheinlich aufgeregt. Die tun einfach nichts, und dann soll ich die Klausur verschieben! Es ist einfach unglaublich! Ich brauche deshalb noch etwas Zeit von deiner Stunde, du kannst aber ruhig dazukommen, bis wir fertig sind …« (Wer möchte sich dieses Angebot schon entgehen lassen, sich das Ganze unauffällig aus der Nähe anzuschauen? Nur kurz schauen, wie die miteinander umgehen …)

Systemische Überlegungen: Situationen wie diese sind wahrscheinlich den meisten Lehrern vertraut. In diesem

Falle bekomme ich von verschiedenen Seiten die Einladung, die Erklärungen zu übernehmen und als Retter ins Dramadreieck einzusteigen. Dabei wird geschaut, mit welchen Angeboten man sich bei mir einhaken kann. »Was muss ich hören, damit ich in die Geschichte einsteige?« Manchmal läuft dann in meinem Hinterkopf unmerklich ein eigener Film ab. Die Verstrickung hat zur Folge, dass ich in das Problem einsteige und meine Lösungsfähigkeit als Berater verliere. Falls ich sagen würde: »Verstehe. Das kenne ich von mir selbst«, würde ich meine Neutralität als Berater aufgeben.

Die Erinnerung an den ungerechten Lehrer im Gymnasium, den Vater, der mich nie hat zu Wort kommen lassen, oder meine eigene Hilflosigkeit … Und sobald ich dieses innere Bild in einem versteckten Winkel meines Herzens als *wahr* annehme, habe ich die Erklärung übernommen und bin verraten und verkauft. Dazu brauche ich übrigens gar nichts zu sagen. Der Einstieg klappt auch nonverbal, sobald ich denke: »Ich bin zwar der gleichen Ansicht wie ihr, darf das aber natürlich nicht sagen, er ist doch mein Kollege.« Die Schüler haben ein sehr feines Gespür dafür, dass ich angedockt habe. Das merken die sofort. »Aber soll ich mir dann etwa eine Teflonbeschichtung zulegen, sodass alles einfach an mir abprallt? Das kann ich mit meinen Vorstellungen eines guten Lehrers nicht vereinbaren …« Mit dieser Empfindung bin ich übrigens ebenfalls verstrickt. Besonders wenn ich spüre, wie sehr es mich aufregt …

Abb. 5: Verstrickung durch Übernahme der Erklärung

Ich könnte die Situation auch als *Dramadreieck* auffassen: Das Dramadreieck kündigt sich meistens durch ein bestimmtes Gefühl in der Magengegend an. Ein sicheres Zeichen ist, dass die Schüler mich zum »Ackern« kriegen wollen. Wenn ich den Karren für sie aus dem Dreck ziehen soll. Interessanterweise wollten die Schüler mir gar keinen Auftrag geben, als es darum ging, den Fall »neutral« zu lösen. Ein wichtiger systemischer Grundsatz ist jedoch, dass ich nur dann aktiv werde, wenn ich einen Auftrag bekomme, den ich auch annehmen kann und will. »Du willst dich schon wieder drücken …« Nein. Ein Auftrag könnte beispielsweise in der Moderation eines Gespräches bestehen. Dabei muss ich als Berater darauf achten, ob »innere Filme« in mir ablaufen oder ob ich Erklärungen übernommen habe. Meine Wahrnehmung kann ich bereinigen, indem ich die störenden Gedanken kurz notiere oder sie mit der Fingerspitze imaginär auf mein Hosenbein schreibe. Auf diese Weise werde ich den Gedanken wieder los, ohne den Beratungsprozess zu stören.

Von der Kommunikationsstruktur her ist die Verlockung riesengroß, sich ein wenig mit aufzuregen. In der *Transaktionsanalyse* geht man vereinfacht davon aus, dass jeder Mensch auf drei Ebenen mit anderen kommuniziert: Elternebene, Erwachsenenebene und Kindebene. Typische Gespräche von Elternebene zu Elternebene lassen sich am gemeinsamen Aufregen über irgendetwas erkennen. In der ganzen Aufregung fühlt man sich total gut, weil es enorm verbindet.

Manchmal bin ich auch selbst »Herr Sauer«. Dann werde ich als »Täter« in das Dramadreieck eingeladen: »Du, deine Klasse ist völlig aufgeregt, wegen deiner VWL-Arbeit.« Oder: »Die schreiben an dem Tag doch schon zwei Klausuren! Also, ich finde das nicht in Ordnung von dir.«

5.3 »Natürlich flippe ich aus, wenn Sie mir mein Handy wegnehmen!«

David hat im Unterricht ständig sein Handy in der Hand. Als ich es beim dritten Mal wie angekündigt einsammeln will, weigert er sich und liefert es schließlich laut schimpfend ab. Leicht genervt sage ich: »David, da Sie sich gerade erneut gegen die Klassenregeln entscheiden, entscheiden Sie sich ebenfalls dafür, die Klasse zu verlassen.« Daraufhin wirft er seinen Stuhl um, rennt an mir vorbei und knallt mir lautstark die Tür vor der Nase zu. Ich starte das Programm »Tür zuschlagen darf ich mir nicht bieten lassen«. Kurz vor der Tür mache ich kehrt und steige aus der Situation aus. Ich: »Jetzt hätte ich mich doch fast kopflos verhalten! Wo waren wir stehengeblieben?« Etwas später verlasse ich die Klasse, um mit ihm zu sprechen.

Methodisches Vorgehen: In Gesprächen vor dem Klassenraum erwarten Schüler fast immer ein Problemgespräch, in welchem der Lehrer die »Elternebene« vertritt: »Sie dürfen nicht ... Das gehört sich nicht ...« usw. Damit wird die »Kindebene« des Schülers angesprochen: »Ich fühle mich klein ... Dann mache ich halt gar nichts mehr ... Der mag mich sowieso nicht ...« usw. Wenn ich jedoch aus dem Kampfmuster mit dem Schüler aussteige, ergeben sich neue Möglichkeiten. Das Problemgespräch ist eh völlig überflüssig, da beide auch unausgesprochen wissen, worum es geht. Vorteilhafter ist eine lösungsorientierte Strategie, um die Problemenergie zu verlassen und uns beide wieder in einen ressourcenreichen Zustand zu bringen. Deshalb spreche ich den Schüler auf der Erwachsenenebene an und interessiere mich (in diesem Falle, zugegebenermaßen, erstmals) ehrlich für ihn als Person. Dadurch wird eine Musterunterbrechung ermöglicht, weil ich mich völlig anders als erwartet verhalte. Diese Verwirrung ist ein wichtiges systemisches Stilmittel, das ihm ein neues Verhaltensmuster ermöglicht. Durch *ehrliches* Interesse baue ich Rapport zu ihm auf.

Ich: »Was möchten Sie eigentlich beruflich machen?«
David: »Ich möchte für meinen Praktikumsbetrieb arbeiten.« – »Und, haben Sie da Chancen?« – »Ich denke schon. Mein Ausbilder ist sehr zufrieden mit mir ...« Mir fällt seine Bandage am Fuß auf: »David, was haben Sie eigentlich mit Ihrem Fuß gemacht? Sie humpeln ja ...« Dadurch, dass ich Dinge anspreche, die mir an ihm auffallen und die mich wirklich interessieren, baue ich »Rapport«, eine Beziehung zu ihm auf. Schließlich sitzen wir auf einer Bank auf dem Schulhof in die Sonne und reden miteinander.
David: »Ich möchte mich entschuldigen. Ich habe mich nicht richtig verhalten.«
Ich: »Och, wissen Sie, ich habe es auch nicht optimal gelöst«, sage ich mit einem Lächeln.
David: »In mir lief auf einmal voll der Film ab: ›Das ist genau wie an meiner alten Schule!‹ Und dann bin ich ausgerastet.«
Ich antworte lachend: »Und in mir lief der Film ab: ›Jetzt reicht's mir! Ich geh' zum Chef!‹ Ist doch erstaunlich, wie wir das so schnell hinbekommen haben!«
David: »Naja, aber das war wirklich nicht in Ordnung von mir.«
Er reicht mir die Hand, und die Situation ist bereinigt. Die Auseinandersetzung und die anschließende Aussprache haben eine gewisse Nähe geschaffen, und ich habe ihn auch anders gesehen.

Systemische Überlegungen: Das Problemverhalten ist für David in einem bestimmten Kontext eine gute Lösung. Im Kontext Schule wird das Verhalten jedoch zum Problem. In manchen Fällen ist der ursprüngliche Kontext so stark, dass die Musterunterbrechung nur kurz vorhält. Nichtsdestotrotz erreiche ich so wahrscheinlich dennoch mehr, als wenn wir das »Ich-weiß-gar-nicht-was-ich-falsch-gemacht-habe«-Spiel miteinander spielen. Alternativ hätte ich mit ihm auch das Dramadreieck weiter eskalieren lassen können und ständig zwischen Täter- und Opferrolle wechseln können. Mit großer Wahrscheinlichkeit hätten sich später weitere Schüler oder Lehrer als Retter oder Täter daran beteiligt: »Ich finde das nicht richtig, dass Sie deswegen eine Konferenz machen«, »Das darfst du dir nicht bieten lassen!« … Ich habe die Erfahrung gemacht, dass ehrliches Interesse und ein Gespräch auf der Erwachsenenebene eine Musterunterbrechung ermöglicht, insbesondere dann, wenn die Konfliktsituation mit keinem Wort erwähnt wird. Verwirrung ist etwas Schönes: Er weiß, dass ich weiß, dass er weiß, was ich weiß …

6 Paradoxe Interventionen – Das Symptom nutzen oder verschreiben

Eine sehr wirksame Methode, ein System zu verwirren, sind *paradoxe Interventionen.* Hierfür utilisiere ich das Symptom, also das, was mich eigentlich »stört«, und bringe es in einen neuen Zusammenhang. Grundlage sind die Annahmen, dass ich *nur mein eigenes Verhalten* ändern kann und dass ich *keine lineare Kontrolle* über das Verhalten anderer Menschen habe. Sobald ich jedoch mein eigenes Verhalten ändere, müssen sich auch alle anderen Teilnehmer des Systems neu ausrichten, wie in einem Mobile. Durch eine paradoxe Intervention schaffe ich eine starke Perturbation des alten Musters. Dadurch gewinne ich zusätzliche Energie, weil ich aus der Hilflosigkeit heraustrete und das Heft des Handelns in die Hand nehme. In den folgenden Beispielen geht es um die Symptomverschreibung sowie um die *Utilisation* des Symptoms.

6.1 »Ich mache absichtlich nicht das, was Lehrer wollen«

In der ersten Stunde in der neuen Berufsvorbereitungsklasse fällt mir sofort Pedro auf, da er andere Schüler bevormundet und sich

in den Vordergrund spielt. Er ist ein ziemlich kantiger Typ, man könnte auch sagen: Angst einflößend. Zu meiner Überraschung lässt er sich ohne Widerworte umsetzen und ist auch dazu bereit, sich nach der Stunde mit mir zu unterhalten. Wir setzen uns. Während ich noch überlege, wie ich es anstellen könnte, ihn zur Mitarbeit zu bewegen, eröffnet Pedro das Gespräch ...
Pedro: »Ich weiß genau, was Sie von mir wollen.«
Ich: »Das ist interessant! Ich weiß es nämlich noch nicht«, lüge ich.
Pedro: »Ich hatte schon ganz viele Einzelgespräche im Heim. Sie wollen, dass ich meinen Einfluss, den ich in der Gruppe habe, nutze, um ein besseres Zusammenarbeiten zu ermöglichen.«
Ich: »Och nö, das will ich gar nicht. Ich halte Sie für einen klugen jungen Mann, der schon viel weiß. Es ist sehr unwahrscheinlich, dass ich es schaffe könnte, Ihnen in diesem Umfeld etwas Neues beizubringen. Wenn ich es versuchen würde, müsste ich mir nur mein eigenes Versagen eingestehen, dass ich es nicht geschafft habe. Nein, nein. Ich möchte lieber, dass Sie weiter Unsinn machen, dann kann ich auch nicht versagen.« Dann stehe ich auf und verabschiede ihn etwas unbeholfen. Draußen kommt er noch einmal auf mich zu, um mir die Hand zum Abschied zu geben. Respektvoll gehen wir auseinander.

Systemische Überlegungen: Dadurch, dass ich meinen Veränderungswillen loslasse und aus dem Kampfmuster heraustrete, gerät sein System in Unordnung. »Gibt es etwas Schöneres, als ein wenig verwirrt zu werden?!«, fragt der amerikanische Hypnotherapeut Milton Erickson sinngemäß. Dahinter steckt die Idee, dass für eine Musterveränderung eine starke Perturbation erforderlich ist. Zudem verabschiede ich mich von der *Kontrollillusion*, dass ich bei einer anderen Person eine lineare Veränderung erreichen könnte. Aber selbst dann, wenn ich Sanktionen und Druck aufbauen würde, könnte ich keine positive Musterveränderung erreichen. Denn solange ich Druck aufbaue, kann ich das Muster vielleicht in meinen Stunden zurückdrängen, was allerdings nur funktioniert, solange ich den Druck permanent steigere. Die paradoxe Intervention funktioniert so, dass wir uns nicht sagen lassen wollen, was wir zu tun haben. Allerdings hat Pedro in dieser Situation keine Verhaltensalternative. Egal, ob er damit aufhört, Unsinn zu machen, oder nicht. Irgendwie wird er das Gefühl nicht los, gerade das zu tun, was ich von ihm will.

6.2 »Kommen Sie doch morgen bitte auch wieder genau 26 Minuten zu spät!«

Jennifer kommt schon wieder zu spät. Ich fühle mich hilflos, weil ich durch meine bisherigen Ermahnungen und Gespräche nichts

bewirken konnte. Irgendwie fühlt es sich an, als wenn *ich* das Problem hätte ...
Freundlich und zugewandt spreche ich sie an: »Jennifer, das sind heute 26 Minuten. Morgen kommen Sie bitte wieder 26 Minuten zu spät!« Als ich mit ihr spreche, bin ich vollkommen frei von Ärger über ihre Verspätung.
Im Gegensatz zu mir wird Jennifer wütend: »Nein! Das will ich nicht! Ich will pünktlich kommen!«
Ich versuche sie zu beschwichtigen: »Nein, Jennifer. Das können Sie nicht. Kommen Sie doch bitte genau 26 Minuten zu spät!«
Jennifer wird richtig sauer: »Nein! Das will ich nicht! Sie dürfen das nicht! Ich will pünktlich kommen!«
Verständnisvoll sage ich: »Aber Jennifer, das klappt doch nicht. Kommen Sie einfach 26 Minuten zu spät, und alles ist gut.«
Jennifer: »Aber dann tragen Sie mich mit 26 Minuten ein ...«
Ich: »Ja klar, Sie kommen doch auch zu spät.«
Jennifer: »Das lasse ich mir nicht bieten!« Sie stürmt hinaus und knallt die Tür hinter sich ins Schloss.
Da ich die Situation steuere, kann ich die Provokation leicht an mir vorüberziehen lassen und den Unterricht unbeeindruckt fortsetzen. Irgendwann kommt sie wieder herein und setzt sich still auf ihren Platz. Ohne mich eines Blickes zu würdigen, rauscht sie nach der Stunde an mir vorbei in die Pause.
Das kann ich mir verzeihen. Am nächsten Morgen ist sie pünktlich, steht ganz dicht bei der Tür und mogelt sich ganz unauffällig an mir vorbei in den Klassenraum, was ich unkommentiert zur Kenntnis nehme. Die Musterverschreibung wirkte auf sie extrem verwirrend, was durch das Gefühl der Ungerechtigkeit noch

verstärkt worden ist. Wahrscheinlich hat sie sich so deutlich länger mit ihrer Verspätung auseinandergesetzt, als wenn ich sie angemeckert hätte.

Dadurch, dass ich spüre, wie die Intervention wirkt, kann ich leichter innerlich gelassen bleiben, sodass ich trotz der Provokationen nicht in das Kampfmuster eintrete.

6.3 »Finden Sie bitte den heutigen Auftrag für mich!«

Die siebte Stunde, eine der letzten vor den Ferien, beginnt laut und chaotisch. Alexander spielt in der hintersten Reihe mit einer Konsole Autorennen und macht sich nicht einmal die Mühe, seine Kappe abzunehmen. »Okay, Alexander. Geben Sie mir bitte Ihr Smartphone und setzen Sie sich hier in die erste Reihe.« Die restliche Klasse quatscht unbeeindruckt weiter. Es ist die typische Situation, in der Schüler dem Lehrer am Pult empfehlen: »Sie müssen auch mal so richtig rumschreien ...«

Methodische Überlegungen: In dieser Situation ging es um *Chaos* und *Ordnung*. Eine Handlungsalternative ist es, das Phänomen »Chaos« für eine paradoxe Intervention zu utilisieren, indem ich die ordnende Position verlasse und auf die Seite des Chaos wechsle. Dadurch gerät das

Gruppengefüge aus dem Gleichgewicht und die Klasse ist gezwungen, sich selbst zu stabilisieren.

Ich: »Lukas und Soufian, können Sie bitte zur Tafel gehen und herausfinden, welchen Auftrag ich heute von der Klasse bekomme? Ich danke Ihnen.« Dann setze ich mich in die erste Reihe und gebe die Haltung auf, etwas erreichen zu müssen. Schweigend verfolge ich die Diskussion.
Soufian: »Okay, wir sind in der letzten Stunde bei der Geschäftsfähigkeit hängengeblieben. Wie funktioniert das noch mal?«
Der Lautstärkepegel ist gesunken, und es herrscht allgemeines Rätselraten, bis Alexander explodiert: »Sie sind der Lehrer! Sie müssen das machen! Sie werden dafür bezahlt! Wir sind nicht hier, um es selbst zu machen. So etwas ist mir noch nie passiert!«
Ich muss gestehen, dass ich diese Anfeindung als anstrengend empfinde. Während er sich noch aufregt – es ist inzwischen mucksmäuschenstill geworden –, gehe ich in die letzte Reihe auf seinen Platz, setze mir eine Kappe auf und tue so, als ob ich Autorennen spiele. Durch den Positionswechsel verlasse ich die Umklammerung der Problemenergie und gewinne Zeit, mein weiteres Vorgehen zu überdenken. Wenige Sekunden später fühle ich mich wieder in meinen Ressourcen und Fähigkeiten und gehe zur Tafel, um das Thema Geschäftsfähigkeit zu wiederholen.
Nach der Stunde kommt Alexander zu mir: »Tut mir leid, es isteinfach so aus mir herausgesprudelt.«
Ich: »Och, das ist schon okay. Sie haben etwas Gutes für die Klasse erreicht. Ich hätte gar nicht gedacht, dass wir heute noch so viel erreichen würden.«

Interessanterweise haben Alexander und ich im Endeffekt für einen Augenblick die Rollen getauscht, sodass er sogar das Rumschreien des Lehrers für mich übernommen hat.

6.4 Ben isst eine Banane im Unterricht – quer

Ben sitzt in der ersten Reihe vor mir und lächelt mich fröhlich an, eine Banane im Mund quer hin und her schiebend. »Ben, können Sie mal bitte nach vorne kommen?«, spreche ich ihn an. Er schaut überrascht, steht dann aber doch auf und kommt auf mich zu. »Nee, nee, die Banane können Sie mitbringen«, meine ich freundlich und wohlgesonnen. Dann gehe ich mit ihm vor die Tür und bitte ihn höflich, mir zu folgen. Dabei fühle ich mich locker und entspannt: »Kommen Sie, nur eben schnell die Treppe rauf ...« Da Ben sich etwas behäbig fortbewegt, lasse ich mich immer wieder ein Stückchen zu ihm zurückfallen und bitte ihn, doch etwas schneller zu gehen. Wir betreten gemeinsam das Lehrerzimmer im zweiten Stock. In einer Ecke steht eine gemütliche Kaffeehaus-Garnitur. Etwas umständlich rücke ich ihm einen gepolsterten Korbstuhl zurecht. Während er Platz nimmt, hole ich geschäftig eine Kaffeetasse, einen Unterteller und einen Essteller des feinen Lehrergeschirrs aus dem Schrank und stelle es vor ihm ab. Völlig entgeistert beobachtet er mich. Als ich mich an der Kaffeekanne zu schaffen mache, sagt er mit einem leicht gequälten Gesichtsausdruck: »Nein. Bitte. Ich möchte keinen Kaffee.« – »Auch nichts anderes?« Leicht gekränkt räume ich die Tasse wieder ab. Etwas abseits sitzen zwei Kollegen und hören uns interessiert zu.

Aufgeschlossen setze ich mich Ben gegenüber und schaue ihn erwartungsvoll und mit großen Augen an. Ihm ist die Situation sichtlich unangenehm (und ich hätte zu gern die Gesichter meiner beiden Kollegen gesehen). »Ich schmeiße die Banane schon weg.« –»Nein, nein, legen Sie die Banane doch bitte auf den Teller«, sage ich zuvorkommend. Ben: »Ich möchte bitte wieder zurück in den Klassenraum«, sagt er schließlich. »Na, gut«, seufze ich. Dann ist er ziemlich schnell verschwunden.

Systemische Überlegungen: »Utilisieren« bedeutet, dass ich das, was mir begegnet, freundlich aufgreife und es nutze. Wenn ich es mir erlauben kann, meiner Fantasie freien Lauf zu lassen, kann ich Problemsituationen aufgreifen und neu rahmen. Ich beginne einfach mit irgendeiner Idee, die passen könnte. Einer der Vorteile ist, dass ich dem Schüler ohne Kampfmuster begegne und selbst in meinen positiven Ressourcen bleibe. Wichtig ist, eine Haltung des ehrlichen Interesses und der Wertschätzung für mein Gegenüber zu haben. Für mich selbst benötige ich eigentlich nur das Vertrauen in die eigene Lösungsfähigkeit und dass ich nichts Bestimmtes erreichen möchte. Falls mein Mitspieler zwischendrin ein unerwartetes Verhalten zeigt, kann ich jederzeit beispielsweise dumme Fragen stellen oder einfach zurückgehen.

7 Rollenspiele mit Elementen der systemischen Aufstellung und des Psychodramas

Aufstellungen – die räumliche Abbildung von Beziehungen in einem System – werden häufig in der systemischen Beratung eingesetzt, um mit Beziehungsgefügen zu arbeiten. In der Beratung von Schülern wird dieses Format eher selten angewandt, da in der Regel mehrere Personen dafür benötigt werden. In Form eines systemischen Rollenspiels im Klassenverband bieten sich jedoch ansprechende Möglichkeiten, einzelne Elemente dieser Methode zu nutzen. Besonders eignet es sich für Konflikte, Entscheidungssituationen oder Fälle, in denen es um verschiedene Perspektiven geht. Die Schüler schlüpfen in verschiedene Rollen und werden so dazu angeregt, sich mit neuen Informationen auseinanderzusetzen und eigene Lösungen zu entwickeln.

Die Besonderheit der systemisch-lösungsorientierten Aufstellung ist, dass dabei Informationen durch Körperhaltungen, Blickrichtungen, Bodenanker sowie Nähe bzw. Distanz der einzelnen Charaktere transportiert werden. Typische Stilmittel sind Rollentausch oder das

»Doppeln« eines Charakters, dadurch, dass sich jemand verstärkend hinter ihn stellt. Darüber hinaus lassen sich aber auch beliebige andere Rollen hinzufügen, wie der freundliche Berater, der im Systemischen häufig als Impuls gebende Instanz eingebunden wird. Während des Rollenspiels ist es hilfreich, »entlarvende« Körperbewegungen anzusprechen oder prägnante Sätze zu wiederholen oder doppeln zu lassen.

Der Berater nimmt eine neutrale Haltung ein, frei von jeglichem Veränderungswillen, da er sich sonst verstrickt und den Kontakt zu den Schülern verliert. Während des Rollenspiels lässt er sich von seiner Neugierde und seinem Gefühl leiten und schaut, was in einem gemeinsamen Kontext möglich ist. Wie alle systemischen Formate gelingt auch diese Methode nur, wenn und solange die Schüler mitgehen.

7.1 Erik wird während seiner Präsentation ausgelacht

Während der Präsentation einer Gruppenarbeit wird ständig gelacht, wenn Erik mit seinem Vortrag an der Reihe ist. Moritz und später auch Jonas greifen in den Vortrag ein, indem sie Erik abfragen. Es scheint, als würde die Klasse insgeheim ein Spiel spielen, dessen Regeln jedoch nicht offen ausgesprochen werden. Eine Schülerin antwortet auf die Frage, wieso sie lacht, mit: »Ach, es ist nichts ...«

Methodische Überlegungen: Als Berater gewinne ich manchmal einen ersten Zugang zu der Situation, wenn ich den Kontext als Spiel oder Märchen beschreibe. In diesem Falle scheint die Klasse das Spiel zu spielen: »Wir lachen Erik aus und geben es nicht zu.« Dieses Versteckspiel macht es schwierig, eine Verhaltensänderung zu erreichen, zumal ich keinen Auftrag von der Klasse habe.

Anstelle eines direkten Feedbacks zum Vortrag leite ich mit der Frage: »Hätten Sie vielleicht Lust auf ein kleines Rollenspiel?« und einem Yes-Set die Methode ein. Ich möchte die Vortragssituation nachspielen lassen, wobei ich Moritz bitte, in die Rolle von Erik zu schlüpfen und an seiner Stelle den Vortrag durchzuspielen. Die Handlung des Theaterstücks entwickelt sich aus den Informationen, die ich von Moritz und anderen Mitspielern während des Stückes bekomme.

Dadurch, dass Moritz jemanden spielt, der etwas besonders gut gemacht hat, findet Modelllernen statt.

Als wir in das Rollenspiel einsteigen, stellt sich Moritz

interessanterweise an die gleiche Stelle, an der Erik zu Beginn seines Vortrages gestanden hat, und imitiert sogar dessen Körperhaltung. Obwohl er ihn vielleicht parodieren will, steigt er auf diese Weise unbewusst tiefer in die Rolle ein, da ein Teil der Informationen über die Körperhaltung und die Position im Raum transportiert wird und die Positionen auf der Bühne ähnlich wie Bodenanker wirken.

Zuerst erfrage ich, wie der Vortrag für ihn gewesen sei und wie er reagiert hat, als er die Zwischenfragen nicht beantworten konnte. Moritz: »Ich habe kurz überlegt und dann gesagt, dass ich es nicht weiß.« Daraufhin lobe ich ihn ausführlich für das, was Erik gut gemacht hat. Insbesondere würdige ich die Art, mit Stress umzugehen: »Ihr Chef wird einmal sehr froh sein, jemanden wie Sie zu haben, der auch mit schwierigen Kunden gut umgehen kann.«

An dieser Stelle wird Modelllernen angeregt, weil Moritz in die Rolle eines Modells geschlüpft ist, das etwas besonders gut kann. Wahrscheinlich setzt er sich mit der Frage auseinander, wie der Andere das genau gemacht hat und ob das auch etwas für ihn sein könnte. Durch das Rollenspiel wird das System in Unordnung gebracht und ein neues Muster ermöglicht. Der folgende Dialog setzt unmittelbar nach dem Lob ein. Dargestellt wird das »Wer-ist-wer-Spiel« als perturbierendes Sprachmuster sowie Dopplung und Rollenwechsel.

Jonas mischt sich ein: »Er weiß ja auch viel.«
Ich: »Ah, Jonas, Sie sprechen für Erik?« (Benennen, was ist)
Jonas: »Ja, ich unterstütze ihn. Er hat ja auch alles gut erklärt.«
Ich: »Ach, jetzt verstehe ich! Sie sprechen für Erik, Erik ist Moritz und Moritz ist Erik ...« (Perturbation)
Jonas: »Genau! Und Lutz ist Peter und Peter ist Phillip ...« (Lachen)
Ich: »Das verwirrt mich jetzt. Wer sind Sie noch mal?«
Moritz: »Ich bin Erik. Wie hat Ihnen denn mein Vortrag gefallen?«
Ich: »Ach ja. Gut. Das haben Sie auch wirklich gut gemacht. Sie haben absolut frei gesprochen und hatten alles in Erinnerung. Unglaublich! Das habe ich wirklich selten erlebt. Dass Sie alles gewusst haben, obwohl die Ferien dazwischen lagen.«
Moritz: »Ich habe ja auch ein fotografisches Gedächtnis.« (Gelächter)
Ich: »Wirklich gut.«
Jonas: »Er hat auch am meisten gemacht!«
Ich: »Jonas, können Sie bitte auch nach vorne kommen und sich hinter mich stellen. Ich habe den Eindruck, dass ich ein wenig verstärkt werden muss, um mich durchzusetzen.« Jonas wechselt auf die Bühne und stellt sich hinter mich. »Sie machen auch keine Faxen hinter meinem Rücken?«
Jonas: »Neeeeeiiiiiinnnn! Ich verstärke Sie!«
Ich: »Wow! Jonas! Von Ihrem Bass vibriert der Boden unter meinen Füßen. Sie sind eine wirklich kraftvolle Verstärkung. Lassen

Sie uns doch bitte die Rollen tauschen. Machen Sie einfach weiter als Lehrer, und ich stelle mich hinter Sie.«
Jonas: »Dann nehme ich mir Ihre Notizen. Das haben Sie wirklich gut gemacht Erik (…) und die anderen auch.«
Dann steigt Moritz aus der Rolle des Erik aus. Danach beende ich das Format, indem ich alle Mitspieler von der Bühne verabschiede und mich für ihre Teilnahme bedanke.
Im Abschlussfeedback sagt Phillip stellvertretend: »Ich finde, es hat Spaß gemacht. Und ich glaube, wir haben so auch mehr gelernt. Zum Beispiel, dass der Erik mit dem Stress gut umgegangen ist und dass das unseren Arbeitgebern wichtig ist.«
Später frage ich Moritz etwas abseits, wie es für ihn gewesen sei. Er meint, in den Folgestunden sei die Stimmung bemerkenswert gut gewesen. Erik sagt, dass er es interessant gefunden habe zu hören, was andere über seinen Vortrag denken.

Systemische Überlegungen: In einer reduzierten Form reicht es aus, die Mitspieler in die Rollen gehen zu lassen und danach zu fragen, wie es dem Einzelnen geht und wie sein Verhältnis zu den anderen Rollen ist. Als Berater greift man lediglich die Informationen auf, die einem geliefert werden, und stellt interessierte Fragen. Die wichtigste Voraussetzung ist vielleicht eine zuversichtliche »Beraterenergie« und dass ich es mir verzeihen kann, wenn die Methode nicht funktionieren sollte.

Später frage ich noch Phillip abseits der Gruppe, wie es gewesen sei. »Das war schon gut. Wir hatten den Erik so ein bisschen ausgelacht. Und so haben wir noch einmal gesehen, wie das ist. Und da wir Sie ein wenig kennen, haben wir mitgemacht.«
Die Beschäftigung mit den anderen Rollen hat übrigens einiges verändert. Jonas ist professioneller Feedbackgeber und Erik setzt sich als Einziger dafür ein, dass Moritz einen Aufschub für seine Präsentation bekommt.

7.2 Wie Schüler ihre eigene Lösung finden

Methodische Überlegungen: In einem systemischen Rollenspiel wird die Innensicht eines Klienten mithilfe mehrerer Personen auf einer Bühne dargestellt. Es ermöglicht dem Klienten, eine eigene, zu ihm passende Lösung zu entwickeln. Zuerst versichert sich der Berater, ob der Schüler überhaupt daran interessiert ist, an diesem Thema zu arbeiten, und ob er Lust auf ein Rollenspiel hat. Dann wird geklärt, welche Rollen gespielt werden sollen. Anschließend teilt der Klient die Rollen zu und positioniert die Mitspieler auf einer freien Fläche im Klassenraum. Das besondere Augenmerk wird auf die Blickrichtung der Beteiligten und die Entfernungen zueinander gelegt. Im Idealfall führt derjenige, dessen Gedankenwelt aufgebaut wird, die Mitspieler leicht an den Schultern und richtet sie aus. Jeder Mitspieler stellt sich auf einen Bodenanker mit dem Namen seiner Rolle, damit sich die Rollen später leichter tauschen lassen. Sobald die Teilnehmer positioniert sind, fragt der Berater jeden Einzelnen, wie es ihm in seiner Rolle geht und welche Beziehung er zu den anderen Teilnehmern hat. Für den Berater ist es sehr entlastend, dass er keine Vorstellung von dem Ergebnis des Rollenspiels benötigt. Er agiert aus der neugierigen Fragehaltung heraus und versucht sich ein möglichst genaues Bild davon zu machen, welches Spiel die Beteiligten miteinander spielen. Die Schüler in der folgenden Geschichte sind Teilnehmer einer Maßnahme des Arbeitsamtes; sie haben Bildungsbegleiter, mit denen sie ihre Bewerbungen schreiben. In diesem Falle geht es um Peter, der drei Bewerbungen geschrieben hat und nun auf einen Job wartet.

Da Peter selbst nichts machen will, lege ich einen Bodenanker mit der Aufschrift »Beobachter« unter seinen Stuhl. Seine Mitschüler spielen ihn selbst, seinen Bildungsbegleiter, den Chef eines Unternehmens, dessen Assistenten sowie mehrere Bewerber. Peter positioniert die Mitspieler im Raum, und jeder Schüler stellt sich auf einen Zettel mit seiner Rollenbezeichnung.
Als Erstes frage ich den Schüler, der den Chef spielt, wie es ihm

gehe. Er lacht, und ich habe ihn noch nie so gelöst in meinem Unterricht erlebt. Ansonsten ist er sehr ruhig und sitzt meistens mit gebeugter Haltung unauffällig auf seinem Stammplatz. Nun sagt er stolz: »Ich fühle mich mächtig!« Als ich ihn frage, welchen Bewerber er einstellen wolle, antwortet er: »Gar keinen. Die interessieren mich nicht.« Woraufhin sich eine Bewerberin entrüstet, wozu sie sich denn dann überhaupt bewerben würden. Es stellt sich heraus, dass der Chef die Aufgabe an seinen Assistenten delegiert hat, der einfach nach den Schulnoten auswählt.
Bewerberin: »Ich hasse es, Bewerbungen zu schreiben. Ich mache das auch nicht.«
Ich: »Oh, das ist interessant! Wer macht das dann für Sie?«
Bewerberin: »Unser Bildungsbegleiter schreibt die Bewerbung für uns.«
Ich: »Ach was! Dann frage ich mal den Bildungsbegleiter. Wie geht es Ihnen?«
Bildungsbegleiter: »Och, ganz gut. Ich kriege Geld dafür, dass ich irgendwas in die Bewerbungen schreibe. Eigentlich will ich nur meine Ruhe haben.«
Ich: »Das gibt's doch gar nicht! Alle Bewerber lassen den Bildungsbegleiter die Bewerbung schreiben und tauschen dann nur das Adressfeld aus. Und der Betrieb bekommt dann zwanzig identische Bewerbungen am Tag. Sie lassen den Bildungsbegleiter für sich ackern, und der schickt dann in Ihrem Namen dieselben Bewerbungen an die Unternehmen ...«
Daraufhin lasse ich den Bildungsbegleiter und den Chef die Rollen tauschen, um zu schauen, welche Veränderungen sich

im Gefüge ergeben. Der neue Bildungsbegleiter bricht fast an seinem Tisch zusammen, während der neue Chef über das ganze Gesicht strahlt. Ich frage danach, was sich verändert hat und was sie in ihren Rollen empfinden.

Schließlich meldet sich Peter von seinem Beobachterposten zu Wort, dass er nur einmal zum Assessment Center eingeladen werden müsse.

Auf diese Anregung hin stellen wir die Szene zwischen dem Assistenten und einem Bewerber nach. Durch die Befragung der Rollen stellt sich heraus, dass der Bewerber den Job bekommen habe, weil er ein unbezahltes Praktikum absolviert habe und der Assistent mit ihm zufrieden gewesen sei.

Diese Sequenz unterbreche ich mit dem Hinweis, dass es vollkommen unrealistisch sei, mit einer kopierten Bewerbung überhaupt eingeladen zu werden. Als sich herausstellt, dass der Bildungsbegleiter alle Schüler auch noch mit den gleichen Worten charakterisiert hat, wird er von den Bewerbern gefeuert. Der neue Bildungsbegleiter wendet sich dann an Peter und fordert ihn nachdrücklich auf, in einem Betrieb anzurufen und ein Probearbeiten zu vereinbaren: »Du nimmst jetzt dieses Telefon und rufst da an!«

Die meisten Rückmeldungen lauten dahingehend, dass es Spaß gemacht habe. Natürlich weiß ich nicht, welche Rückschlüsse Peter oder die anderen Schüler aus diesem Rollenspiel für sich ableiten. Es ist allerdings anzunehmen, dass die Schüler aus dieser Stunde mehr mitgenommen haben als den Satz »Du musst mehr Bewerbungen schreiben.«

7.3 »Ich kann mich zu nichts aufraffen«

Im *Psychodrama* werden die Gefühle, die durch eine Problemsituation hervorgerufen werden, in einem Rollenspiel abgebildet. Der Berater geht in eine neugierige Fragehaltung, um ein möglichst genaues Bild davon zu bekommen, wie der Protagonist die Situation erlebt. Im Wesentlichen geht es darum, prägnante Sätze und charakteristische Körperhaltungen herauszukristallisieren und von »Schauspielern« auf einer »Bühne« nachspielen zu lassen. In diesem Format geht es um die Darstellung der Emotionen und weniger um Gespräche. Meistens wird das Problem auf eine Sekundensequenz präzisiert, die dann laufend wiederholt wird. Durch die permanente Wiederholung der Szene baut sich im Klienten ein enormer Leidens- und Veränderungsdruck auf, der etwas Neues entstehen lässt. Abschließend bedankt sich der Berater bei den Darstellern für ihre Teilnahme und bittet sie, abstreifende Bewegungen zu machen, um sich bewusst von den Rollen zu trennen. Da das Format eine Zeit lang nachwirken kann, sollte der Protagonist achtsam mit sich umgehen.

Jacob ist Schüler in einer berufsvorbereitenden Maßnahme des Arbeitsamtes und erscheint nur sehr selten in der Schule. Deshalb frage ich ihn, was er eigentlich die ganze Zeit mache. Zuerst erzählt er, dass er sich als Gebrauchtwagenhändler selbstständig machen wolle, obwohl er kein Kapital habe. Ich stellte interessierte Fragen, bis Jacob schließlich erzählt, dass er sich die meiste Zeit wirklich krank gefühlt habe und dass er eigentlich den ganzen Tag im Bett liege. Er fühle sich so schwer, dass er gar nicht aufstehen könne. Manchmal würde er zum Kühlschrank gehen oder eventuell für zwei Stunden das Bett verlassen. Die meiste Zeit würden ihn aber seine Eltern versorgen. Selten würde er sich noch aufraffen, um trainieren zu gehen. Seit einigen Monaten habe er einen stechenden Schmerz in der Schulter, würde aber trotzdem weiterkämpfen und seine Übungen durchziehen. Gern würde er etwas verändern, wisse aber einfach nicht wie ...
Ich frage ihn, ob er Lust auf ein kleines Experiment habe, wir könnten einfach etwas ausprobieren. Er solle sich auf einen Stuhl setzen, und dann würde jemand den Schmerz in der Schulter spielen, ein anderer die Schwere und ein weiterer Schüler seine Eltern. Die Mitspieler würden ihn leicht berühren und er müsse es schaffen aufzustehen. Ob er dazu Lust hätte?
Als er einwilligt, erkläre ich jedem Mitspieler vorab seine Rolle: »Heinrich, Sie berühren ihn bitte gleich mit der flachen Hand auf der Schulter mit einem abstützenden Druck. Dann sagen Sie bitte in einer Endlosschleife: »Ich bin der stechende Schmerz. Ich steche dich in die Schulter.« Während des Aufbaus des Standbildes versichere ich mich mehrfach, ob die jeweilige Berührung für Jacob und die Mitspieler in Ordnung sei.

Einen kräftigen, etwas lethargischen Schüler bitte ich, die Schwere zu spielen. »Sie werden ihn gleich an beiden Schultern nach unten drücken und sagen: ›Ich bin die Schwere, ich drücke dich ins Bett.‹ Das wiederholen Sie bitte pausenlos.«
Dann sage ich zu Mia und Paul: »Sie sind die Eltern, und Sie sagen bitte im Chor: ›Wir versorgen dich. Du bleibst ewig bei uns wohnen.‹«
Ich frage Jacob, ob ich ihn am Brustkorb berühren dürfe: »Ich werde gleich beide Hände auf Ihren Brustkorb legen und sagen: ›Ich bin die Veränderung. Ich bringe dich in Bewegung.‹«
Als er bereit ist, gehen wir zu unseren Positionen, legen nacheinander unsere Hände darauf und fangen dann gleichzeitig an, permanent unsere Sätze zu wiederholen. Jacob bleibt auf seinem Stuhl sitzen. Währenddessen lacht er und wischt sich gleichzeitig Tränen weg. Nach ein paar Wiederholungen verlassen wir die Rollen und ich frage ihn, was jetzt sei. Er meint: »Alles normal.« Ich: »Sie können es ja mal auf sich wirken lassen, vielleicht verändert sich etwas.«

7.4 »Ich will kein Schluffi mehr sein!«

Methodische Überlegungen: Lukas kam in die Beratung, weil er aus seiner »Schluffi«-Rolle ausbrechen wollte. Da für die Musterunterbrechung eine starke Perturbation erforderlich ist, hatte ich spontan den Einfall, in seine Schluffi-Rolle zu schlüpfen und mich als Resonanzkörper für ihn zur Verfügung zu stellen. In diesem Format lasse ich mir sein Problem ganz genau beschreiben und spiele nach, was ich von ihm erfahre. Energetisch gesehen, hat es Elemente einer systemischen Aufstellung, und ich achte vom Setting her darauf, dass zwischen dem Klienten und mir stets eine deutliche räumliche Distanz besteht.

Besonders wichtig ist es, mit Lukas ein attraktives Ziel zu entwickeln, damit er die notwendige Veränderungsbereitschaft aufbringt. Als Format bietet sich das *Modelllernen* an, wobei sich der Klient in die Rolle einer anderen Person versetzt, die die gewünschte Fähigkeit besitzt. In seinem Fall wird das Modell nach seinen Vorstellungen entwickelt, er hätte aber auch jemanden auswählen können, den er kennt. Die Modellerfahrung wird durch Ansprache der verschiedenen Sinneskanäle spürbar gemacht und kann anschließend geankert werden.

Zu Beginn geht es um die Zieldefinition. Ein Ziel sollte aus eigener Kraft erreichbar, kurz und positiv formuliert sein. Die Zielfindung darf normalerweise ruhig etwas Zeit in Anspruch nehmen, da ein attraktives Ziel eine hohe Anziehungskraft auf den Klienten ausübt.

Lukas: »Ich brauche Ihre Hilfe. Ich will nicht mehr so müde und verschlafen sein. Das nervt mich selber.«
Ich: »Sagen Sie das mal positiv. Was möchten Sie denn stattdessen?«

Lukas: »Ich möchte wieder so richtig fröhlich sein.« Dabei macht er eine ausladende Geste mit beiden Armen und ballt kraftvoll die Fäuste.
Ich: »Haben Sie Lust auf ein kleines Experiment? Wir versuchen mal was ...«
Lukas: »Okay, ich bin bereit!«
Ich: »Wir machen das so: Ich lasse mich einfach auf das ein, was Sie erzählen. Dabei gehen mir dann manchmal Sachen durch den Kopf, die mit dem Problem eigentlich gar nichts zu tun haben. Aber ich muss das dann für mich aussprechen, um wieder klar fühlen zu können. Das klingt zwar komisch, ist aber trotzdem spannend ... Vielleicht können wir damit beginnen, dass Sie mich einfach irgendwo im Raum positionieren.«

Zur Methode: Als »Preframe« erwähne ich häufig, dass ich Dinge benennen werde, die mir durch den Kopf gehen. Das erfüllt für mich als Berater die Funktion, meine Sinneskanäle rein zu halten. In der Beratung fällt es dem Klienten dann leichter, relevante Bemerkungen aufzugreifen. Von den Aspekten, die nichts mit seinem Thema zu tun haben, ist er dann weniger irritiert.

Lukas positioniert mich im Raum vor einer orangefarbenen Pinnwand und meint: »Da sehen Sie schön wie ein Nachrichtenspre cher aus.« Sichtlich zufrieden betrachtet er mich aus der Ferne:

»Heben Sie bitte den rechten Arm.« Ich folge seiner Anweisung. »Wie witzig! Der Arm sieht vor der Wand blau aus!« In diesem Moment fühle ich mich plötzlich tief in der Rolle verloren und ich kann mich aus heiterem Himmel nicht mehr auf den Beinen halten.

Ich: »Ich muss mich hinsetzen. Bei mir geht plötzlich gar nichts mehr. Können Sie mir bitte einen Gefallen tun? Können Sie bitte in die Rolle eines ›freundlichen Beraters‹ gehen und mir helfen?«
Lukas: »Sind Sie jetzt ich?«
Ich: »Keine Ahnung. Vielleicht bin ich auch ich selbst. Aber Sie müssen mir bitte helfen. Ich werde immer kraftloser. Ich kann nicht mehr.« Ich sacke immer tiefer in mich zusammen. Dann lege ich mich auf den Boden, weil ich mich so geschwächt fühle, dass ich nur noch liegen will. »Helfen Sie mir bitte!«
Lukas: »Wozu haben Sie denn Lust?«, fragt er mich interessiert.
Ich: »Ich würde gern durch eine Wiese springen, aber ich will mich nicht bewegen.« Es ist eine merkwürdige Perspektive, ich liege völlig zerschlagen auf dem Boden, und er sitzt auf einem Stuhl und schaut neugierig auf mich herab.
Ich: »Ich spüre nur noch mein Gehirn, will mich nur noch minimal bewegen. Am besten bewege ich nur noch die Zunge zum Sprechen.«
Lukas: »Vielleicht wollen Sie sich ein neues Computerspiel kaufen gehen.« Das erreicht mich ein wenig, lässt mich aber nicht sonderlich in Bewegung geraten. Und plötzlich kommt mir ein Gedanke in den Sinn, der mich bewegt: eine Liebesszene mit einer Frau –

sehr bildlich. Aber das kann ich natürlich nicht aussprechen. Ich bin mir auch nicht sicher, ob das nicht von mir selbst kommt. Normalerweise kann man sich jedoch darauf verlassen, dass alles, was einem auffällt, etwas mit dem Thema der Beratung zu tun hat. Deshalb ist es wichtig, diese Dinge auch auszusprechen, um den Kontakt zum Klienten zu halten.
Da ich den Eindruck habe, alle wesentlichen Informationen bekommen zu haben, wechsle ich ganz bewusst meine Position im Raum, um aus der Problemenergie herauszutreten. Oft ist die Problemenergie mit der Position und der Körperhaltung wie durch einen Bodenanker verbunden.
Ich: »Was denken Sie, was die Lösung ist?«
Lukas: »Vielleicht ist es einfach, dass ich so lange keine Freundin mehr hatte. Ich gehe auch fast nie raus. Stattdessen spiele ich bloß den ganzen Tag Computer und bin schon ewig Single. Deshalb habe ich auch keinen Antrieb mehr. Mein einziger Freund ist total unzuverlässig und lässt mich häufig wegen seiner Freundin sitzen. Manchmal freue ich mich schon den ganzen Tag auf eine Verabredung mit ihm und dann sagt er kurz vorher ab. Ich glaube, ich bin ihm einfach nicht so wichtig ...«
Ich signalisiere ihm, dass ich zuhöre, und überlege. Er sagt: »Wissen Sie, ich wünschte, ich wäre anders ...«
Ich: »Wie wären Sie denn gern?«
Lukas: »Am liebsten würde ich auch anders heißen ... Robbie oder so.«
Ich: »Ich habe eine Idee. Vielleicht ist das ja was für Sie ... Was halten Sie davon, wenn wir einfach so tun, als ob Sie Robbie sein könnten? Und dann schauen wir, wie sich das für Sie anfühlt.

Was meinen Sie?«
Lukas: »Das können wir probieren. Was muss ich denn machen?«

Ich: »Och, wir brauchen eigentlich nur einen Platz hier im Raum. Und dann erschaffen wir – Robbie. Sie versuchen sich vorzustellen, er zu sein. Und ich frage Sie dann, was Sie als Robbie sehen, hören und fühlen. Die Fragen dienen dazu, sich möglichst genauso zu fühlen wie das Modell.«

Methodische Überlegung: Dieses besondere Empfinden, wie es ist, Robbie zu sein, kann der Klient mit einem Körperanker abspeichern. Als Anker lässt sich beispielsweise ein bestimmter, unverwechselbarer Fingerknöchel an der Hand des Klienten vereinbaren. Dann bitte ich den Schüler, in die Rolle seines Vorbildes zu gehen, und lasse ihn erzählen, wie er aussieht, was er sieht, was es für ein Gefühl ist, Robbie zu sein usw. Sobald der Klient kurz vor dem Punkt des maximalen Empfindens des Modells ist, drückt er den vereinbarten Ankerpunkt. Einen Sekundenbruchteil später stelle ich eine »Separator«-Frage, wie beispielsweise: »Was haben Sie letzten Dienstag gemacht?« Diese Frage erfüllt die wichtige Funktion, die Gefühlsintensität des Ankers einzufrieren. Wenn der Klient den Punkt später erneut drückt, versetzt ihn der Körperanker wieder in die

Empfindung, wie es ist, Robbie zu sein. Durch diese positive Ressource erhöht sich das Spektrum seiner Möglichkeiten. Allerdings müssen Anker von Zeit zu Zeit aufgefrischt werden, können aber auch durch »Anker-Stapeln«, also wiederholtes Üben, in ihrer Wirkung gesteigert werden. Häufig deutet sich das Thema in den Kleinigkeiten am Rande der Beratung an. – Als wir in den Beratungsraum gingen, hatte Lukas der jungen, attraktiven Referendarin im Vorübergehen am Pferdeschwanz gezogen.

8 Abschlussbemerkungen

Ich würde mich freuen, wenn ich Sie mit meinen Schilderungen zum eigenen Ausprobieren anregen konnte. Vieles muss man wahrscheinlich selbst erleben, um sich die Wirkung vorstellen zu können. Teilweise ist es sicherlich auch erforderlich, die Methoden den eigenen Bedürfnissen anzupassen. Manchmal ist es auch wichtig herauszufinden, wieso etwas funktioniert hat und wie ich es genau gemacht habe. Und natürlich kann man in Fortbildungen das Wissen um das eigene Können vertiefen und erweitern, zum Beispiel wie man lösungsorientiert fragt, Abstand zu Problemen von Anderen hält und auf das eigene Wohlbefinden achtet. Hilfreich ist sicherlich die Haltung, dass alles, was ich ausprobiere, meine eigenen Möglichkeiten erweitert und mir Freude machen soll. Denn systemisches Arbeiten bedeutet nicht: »Schon wieder was Neues! Inklusion, individuelles Fördern … Was denn noch alles? Mir reicht's allmählich!« – Im Gegenteil: Es erleichtert die Arbeit im Schulalltag enorm, sobald man nur ein kleines bisschen beginnt, ein »systemischer Lehrer« zu werden.

Über den Autor

Jürgen Pfannmöller, Diplom-Volkswirt, arbeitete nach seiner Banklehre als Wertpapierhändler in Luxemburg. Während seines Studiums war er als Werkstudent in einer Kölner Bank beschäftigt. Nach dem Studium absolvierte er sein Lehramtsreferendariat und ist seit 2006 an einem Kölner Berufskolleg tätig. 2007 machte er eine einjährige systemische Fortbildung, daran anschließend zwei zweijährige Ausbildungen zum Pädagogisch-therapeutischen Berater/Konfliktberatung und zum Systemisch-lösungsorientierten Berater sowie eine einjährige Ausbildung zum Systemischen Dozenten am Kölner Institut für Systemische Lösungen in Schulen (ISIS).

Kontakt: www.pfannmoeller.de